KB074453

소통의 기술

소통의 기술

지은이 | 강기호

펴낸이 | 원성삼

책임편집 | 최창숙

본문 및 표지디자인 | 한영애

펴낸곳 | 예영커뮤니케이션

초판 1쇄 발행 | 2017년 2월 28일

등록일 | 1992년 3월 1일 제2-1349호

주소 | 136-825 서울시 성북구 성북로6가길 31

전화 | (02)766-8931

팩스 | (02)766-8934

홈페이지 | www.jeyoung.com

ISBN 978-89-8350-963-5 (03370)

값 7,000원

이 도서의 국립중앙도서관 출판예정도서목록(CIP)은 서지정보유통지원시스템 홈
페이지(http://seoji.nl.go.kr)와 국가자료공동목록시스템(http://www.nl.go.kr/kolisnet)
에서 이용하실 수 있습니다.(CIP제어번호: CIP2017004699)

 모든 인간은 하나님의 형상을 닮은 존엄한 존재입니다. 전 세계의 모든 사람들
은 인종, 민족, 피부색, 문화, 언어에 관계없이 존귀합니다. 예영커뮤니케이션은
이러한 정신에 근거해 모든 인간이 존귀한 삶을 사는 데 필요한 지식과 문화를 예수 그리
스도의 사랑으로 보급함으로써 우리가 속한 사회에 기여하고자 합니다.

소통의 기술

강기호 지음

실제적 훈련을 통한
부모교육 교과서

예영커뮤니케이션

따뜻한 소통

한국가정연구소에서 자녀교육에 관한 강의를 하면서 교재가 필요하여 책을 출간한 것이 2001년의 일이었습니다. 오랫동안 그 교재를 가지고 강의해 왔는데 이제 새로운 책이 필요한 상황이 되었습니다. 강의를 하던 대상도 달라졌고, 또 학교라는 구체적인 현장과 부모님들이 계셔서 그분들에게 맞는 책이 필요해진 까닭입니다. 책의 필요성은 느끼고 있었지만 게으름에 미루다 《소통의 기술》이라는 이름의 새 책을 내게 되었습니다.

이 책은 부모교육을 위한 교과서입니다. 결혼하면 아이를 낳고, 아이를 낳으면 부모가 되는데, 사실 직업교육 못지않게 부모교육이 필요합니다. 좋은 부모는 태어나는 것이 아니라 훈련으로 만들어지기 때문입니다. 그럼에도 적절한 교재나 훈련을 해 주는 곳이 없는 것이 현실이기도 합니다.

이 책이 자녀를 어떻게 길러야 하는지 궁금해하는 분들에게 구체적인 도움이 되기를 바라는 마음입니다.

이 훈련은 10개의 주제를 중심으로 두 권의 참고도서를 읽는 것으로 진행됩니다. 책을 읽으면서 구체적인 실습을 하게 되는데, 이 훈련은 받는 분들에게 새로운 기술을 선물해 줄 것입니다. 뿐만 아니라 함께 읽게 되는 두 권의 책은 기존의 개념을 새롭게 바꿔 주는 계기를 마련해 줄 것입니다.

책이 나올 수 있도록 흔쾌히 허락해 주신 예영커뮤니케이션의 원성삼 사장님과 훈련에 참여해 주셨던 학부모들, 그리고 드림교회 성도들에게 감사드립니다. 자녀들을 건강한 하나님의 자녀로 기르기 원하는 모든 분께 도움이 되기를 바라는 마음 간절합니다. 감사합니다.

2017년 1월

강 기 호

목차

1

사랑은
지식과 능력의
문제입니다

우리는 사랑하여 결혼하고, 결혼하여 자녀를 얻습니다. 물론 결혼했으나 자녀를 얻지 못해 힘겨워하는 가정들도 있습니다. 그런 경우를 생각하면 결혼하여 곧바로 자녀를 낳은 것이 얼마나 고마운 일인지 모릅니다. 소중한 아이가 하나님 나라에서 이곳 지구라는 별까지, 그것도 우리 집으로 온 것은 참으로 고맙고 감사한 일입니다.

결혼하여 수년간 아이가 생기지 않아 고생하던 친구가 결혼 7년 만에 딸아이를 얻었습니다. 너무 기뻐하며 좋아했습니다. 딸아이가 너무 예쁘게 생겨서 미스 코리아에 내보낼 거라 하기에 돌잔치에 초대받은 우리는 내심 기대하며 갔다가 깜짝 놀랐습니다. 그렇게 자유롭게(?) 생긴 여자아이는 처음이었습니다. 그럼에도 아빠는 딸아이가 너무 예쁘다며 행복해했습니다. 사실 그렇습니다. 예쁘냐 예쁘지 않으냐는 그리 중요하지 않습니다. 아이가 태어난 것으로 충분히 감사합니다. 더군다나 결혼한 후 7년 동안이나 간절히 기다리던 아이가 태어났으니 얼마나 귀하겠습니까! 그런데 그렇게 오랜 세월 기다렸던 아이만 귀한 것은 아닙니다. 이 세상에 태어난 모든 아이는 소중합니다. 가끔 아이들이 수련회나 여행을 떠나 집을 비우면 적막하기 그지없습니다. 아이들로 채워졌던 공간이 텅 빈 느낌이 들어 쓸쓸하기까지 합니다. 아이들이 다시 돌아오면 그제야 훈훈함이 집안에 가득해집니다.

저의 첫째 아이는 큰 병으로 수술을 해야 했습니다. 수술을 앞둔 저녁에 아이가 문자를 보내왔습니다. "이는 내게 사는 것이 그리스도니 죽는 것도 유익함이라."_{빌 1:21} 아이는 수술하는 과정에서 죽을 수도 있다는 생각을 하는 것 같았습니다. 그때 아이를 대신할 수 있으면 좋겠다고 생각했습니다. 내가 죽고 아이가 살 수 있다면 그렇게 하고 싶었습니다. 아마 대부분의 부모가 저와 같은 마음일 거라 생각합니다. 내 생명과도 바꿀 수 있는 존재, 내 목숨보다 더 소중한 존재가 자녀입니다.

이렇게 소중한 아이들을 어떻게 대해야 할까요? 사랑해야 합니다. 그러나 모든 아이가 사랑받으며 성장하는 것은 아닙니다. 어떤 아이들은 태어나면서부터 미움을 받는가 하면 어떤 아이들은 자라면서 미움을 받습니다. 애증을 고루 받으며 자라는 아이도 있지만, 어떤 아이들은 부모를 속상하게 만들어 미움을 받습니다.

부모는 아이가 하는 짓이 맘에 들지 않는다며 속상해합니다. 왜 미워할까요? 아이들이 부모가 감당하기 어려운 행동을 하기 때문입니다. 아이들은 부모가 하라는 대로 하지 않고, 자신이 원하는 대로 합니다. 부모에게는 다양한 유형의 아이들을 감당할 능력과 지식이 결여되어 있습니다. 그 결과 사랑의 대상이었던 아이들은 짐 덩어리가 됩니다. 당신에게 자녀는 어떤 존재입니까? 다음의 빈칸을 채워 보시겠습니까?

나에게 자녀는 _____이다.

어떤 분들은 빈칸에 '웬수', '짐 덩어리', '골칫거리', '수수께끼', '럭비공'이라고 씁니다. 물론 '보석', '선물', '나를 웃게 하는 존재', '축복' 이렇게 답하는 분들도 있습니다. 긍정적인 답변을 하는 분들은 대부분 자녀가 어린 경우이고, 부정적인 답변을 한 경우는 청소년기의 자녀를 둔 분이 많습니다. 갓난아이일 때는 축복이고 선물이라고 생각했는데, 성장하는 과정에서 웬수로, 짐 덩어리로 바뀐 것입니다.

사람들은 사랑의 문제가 대상에 달려 있다고 보는 것 같습니다. 대상이 좋은 사람이면 즐거이 사랑하게 되지만, 대상이 별로면 사랑하기 어렵다고 생각합니다. 자녀가 미워진 이유도 대상인 자녀가 미운 짓을 너무 많이 해서 그렇다고 말합니다. 과연 그럴까요? 결혼할 때 미운 짓을 많이 한 대상을 배우자로 선택하지는 않았을 겁니다. 매력적으로 느껴져서, 사랑이 느껴져서 선택했을 겁니다. 그런데 막상 살아가면서 사랑하는 마음에 변화가 생기게 됩니다. 관계는 나빠지고, 자신이 생각했던 대상이 아니라고 느낍니다. 선택을 잘못했다고 생각하여 후회합니다. 문제가 상대에게 있다고 판단하기 때문이죠. 자녀들은 어떻습니까? 열 달 동안 뱃속에 품고 있다 낳은 생명입니다. 바깥에서 온 것이 아니라, 내 안에서 나왔습니다. 그러니 원망하기도 어려운데 아이를 감당하기가 버겁습니다. 남편은 남의 자식이었으니까 그렇다 치더라도 내 뱃속으로 낳은 자식은 어떻게 된 걸까요? 이런 결론에 이르게 됩니다. '사랑은 대상의 문제가 아니라, 나 자신의 능력과 기술의 문제다!' 사랑하는 사람을 대하는 기술과 능력 부족이 원인인 것입니다. 성경에 이런 말씀이 있습니다.

"내 백성이 지식이 없으므로 망하는도다."(호 4:6)

사랑에 지식이 필요할까요? 네! 지식이 필요합니다. 스위스의 심리학자 피아제 J. Piaget 는 결혼하여 아이를 낳아 기르면서 특별한 현상을 발견했습니다. 아이들이 성장, 발달하면서 일정한 패턴을 보였습니다. 어른의 입장에서 보면 틀린 답인데, 같은 연령대의 아이들은 비슷한 대답을 했습니다. 이런 현상을 자세히 관찰하고 연구한 것이 '인지발달이론'입니다. 그가 경험하여 정리한 것을 간단하게 소개하겠습니다.

0세에서 2세까지의 아이들은 감각을 통해 바깥세상을 알아갑니다. 갓난아이들이 모든 것을 입으로 가져가는 이유는 배가 고파서 그런 것이 아닙니다. 입을 통해 알아가는 시기이기 때문입니다. 뜨거운 물에 아이들이 손을 넣는 이유도, 그것이 뜨겁고 손을 넣으면 덴다는 지식이 없기 때문입니다. 직접 만지면서 알아 가는 것입니다.

2세에서 7세까지의 아이들은 단편적으로 인식합니다. 이 시기에는 두 가지 대상을 연결할 수 있는 인지과정이 형성되지 않았기 때문에, 소위 베이비 토크라고 부르는 형태의 언어를 사용합니다. '맘마, 찌찌, 까까, 맴매' 등과 같은 한 단어로 의사전달을 합니다. 전조작기 Pre-operational period 라 부르는 이 시기의 아동들은 자아 중심적이고, 존재하는 것은 모두 살아 있다고 받아들이는 물활론에 붙들려 있습니다. 또 보존개념이 부족하기 때문에 똑같은 양의 물을 한쪽은 낮고 넓은 유리컵(A)에, 다른 한쪽은 높고 좁은 유리컵(B)에 따르는 것을 보여 줘도 B컵의 물이 더 많다고 말합니다.

7세에서 11세까지의 구체적 조작기 Concrete operational period 에 이르면 가역성에 대해 이해하고, 유목화도 가능해집니다. 그럼에도 여전히 사물을 구체적으로 인식하기 때문에 비난이나 체벌 같은 훈육 수단 뒤에 숨어 있는 부모의 의도를 알아차리지 못합니다. 구체적인 현상이 주는 불쾌함만 받아들입니다. 예를 들어, 꾸지람을 듣거나 매를 맞으면 미움을 받는다고 느낍니다. 퇴근하는 아빠가 자신이 좋아하는 아이스크림을 사다 주면 사랑받는다고 느낍니다. 다정스럽게 대해 주지 않으면 미움을 받는다고 생각하거나, 심지어는 자신이 필요 없는 존재라고 생각하기도 합니다. 그러니까 이 시기의 아이들에게는 구체적으로 잘해 주어야 합니다. 부모가 밝고 긍정적인 반사경 역할을 해낸다면 자녀들의 내면에는 긍정적인 자아상이 형성될 것입니다.

감각운동기　　0~2세
전조작기　　　2~7세
구체적 조작기　7~11세
형식적 조작기　11세~

구체적 조작기를 지나면 형식적 조작기 혹은 추상적 조작기 Formal operational period 에 이릅니다. 이 시기에는 사건 너머에 있는 의미를 헤아릴 수 있습니다. 입장을 바꿔 생각할 수도 있습니다. 한 가지 인상적인 주장은 모든 사람이 이 단계에 이르는 것은 아니라는 점입니다. 어떤 사람은 구체적 조작기에 고착됩니다.

이와 같은 심리학적 지식을 가지고 자녀들을 양육하면 직면한 문제들을 효과적으로 다룰 수 있습니다. 자녀와의 관계도 망가뜨리지 않습니다. 그런데 지식 없이 좌충우돌하면서 아이를 기르는 '광야 위의 부모들'이 있습니다. 길도 없는 광야에서 건너갈 지식도 없고, 안내자도 없으니 당황스럽고 힘이 듭니다.

한 가지 더 소개할까요? 심리학자 에릭 에릭슨_{Eric Erikson} 의 이야기입니다. 그는 유복자로 태어나 많은 심리적인 갈등을 겪으며 성장했습니다. 미운 오리새끼 취급을 받으며 자라서 마음의 상처가 많았습니다. 에릭슨은 대학에 진학하는 대신 여행을 하던 중 프로이트의 딸 안나 프로이트_{Anna Freud} 를 만나 심층심리학에 대해 알게됩니다. 하지만 인간은 '쾌감'을 향하여 살아간다는 프로이트의 이론에 이의를 제기하면서, 사람은 성장 과정에 따라 심리사회적 과제를 갖는다고 주장했습니다. 그의 이야기를 들어 볼까요?

어린아이가 태어나서 한 살 중반까지는 부모의 양육 방법에 따라 신뢰나 불신감을 갖게 된다고 합니다. 배고플 때, 기저귀가 젖었을 때, 졸릴 때 부모가 어떻게 대해 주느냐에 따라 세상을 믿을

만한 곳이라 여겨 신뢰감을 형성하거나, 믿을 수 없는 곳이라 생각
하여 불신감을 갖게 된다는 것입니다.

　한 살 반에서 세 살까지는 일어서기와 손 발 사용하기, 그리고
배변훈련을 통해 자율성이나 수치심을 습득하게 됩니다. 모든 일
을 마지못해 하는 사람을 만나면 참 답답합니다. 시키면 하고, 시
키지 않으면 하지 않는 사람을 보면 안타까운 마음이 듭니다. 그런
데 그런 성품이 생각보다 일찍 형성된다는 것이죠. 바로 이 시기에
자녀를 어떻게 양육하느냐에 달린 문제라 합니다. 이때 아이가 스
스로 할 수 있도록 격려하며 긍정적인 덕목을 발달시킬 수 있도록
도와주면 자율적인 사람이 됩니다. 반대로 실패했을 때 비난이나
모욕감을 심어 주면서 부끄러움을 느끼게 하면 수치심이 자리 잡
게 됩니다. 수치심이란 '다른 사람의 눈에 자신이 좋게 보이지 않
는다'는 느낌입니다. 이 느낌이 강하게 발달하면 타인의 눈을 지나
치게 의식하며 남의 인생을 살게 됩니다. 자녀가 자율적인 사람이
되기 원한다면, 이 연령대의 아이들을 스스로 할 수 있도록 잘 격
려하여 수치심을 덜 갖도록 양육할 필요가 있습니다.

세 살에서 여섯 살 사이에는 주도성과 죄의식이 발달합니다. 상상력을 동원하여 목표를 세우고, 그것을 달성할 구체적인 방법을 만들어 실행에 옮깁니다. 성공하면 자신이 쓸모가 있는 존재라 여겨 긍정적인 자아 이미지를 갖게 되지만 실패하면 죄의식을 갖습니다. 이때 부모의 비난은 아이들을 위축시키고, 주도성을 약화시킵니다. 이 시기의 아이에게는 시행착오를 할 수 있도록 지켜봐 주는 여유와 주도적으로 할 수 있도록 간섭을 적게 하는 것이 필요합니다.

일곱 살에서 열한 살 사이에는 근면성과 열등감이 자라납니다. 학교생활을 잘하면 적합한 사람이라는 자신감을 갖게 되지만, 그렇지 않을 경우 자신이 쓸모없는 인간이라는 자의식을 갖게 되어 인생 전반에 어두운 그림자가 드리워집니다. 초등학교 시절을 지나면서 많은 문제가 수면 위로 떠오르게 되는데, 여러 가지 문제가 복합적으로 대두되면서 부모를 괴롭힙니다. 공부에 한계를 느끼는 아이들은 오락이나 컴퓨터 게임에서 재미를 찾고, 그로 인해 학업과 학교생활이 어려워집니다. 이런 부정적인 상황에도 밝은 자아상을 갖도록 용납하고 격려하는 것은 그 값을 매기기 어려울 만큼 소중한 일입니다.

　사춘기라 부르는 열두 살부터는 정체감과 역할 혼미를 경험합니다. 부모가 가르쳐 주는 것과 자신이 원하는 것이 일치할 때는 건강한 자기 정체감을 형성합니다. 그러나 둘 사이에 괴리가 깊어지면 사춘기를 심하게 겪습니다. 그런가 하면 부모의 뱃속에 있던 태아가 탯줄을 자르고 독립적 생명이 되는 것처럼 부모의 권한 아래 있던 자녀가 독립된 인격체가 되어야 하는데, 그렇지 못하여 부모 안에 계속 머물러 있는 경우가 있습니다. 그런 아이들을 우리는 마마보이 혹은 파파걸이라 합니다. 커다란 동그라미 안에 있는 작은 동그라미처럼, 부모의 품에서 벗어나 독립적 존재로 서지 못하여 갇혀 버립니다. 이런 경우 자기 정체감이 혼미해집니다. 그런가 하면 정체감 형성이 늦어져서 자신이 누구이며, 무엇에 적합한 사람인지 모르는 경우도 있습니다. 자아가 형성되지 못하고 유실된 경우입니다. 이런 아이들은 모든 것을 처음부터 다시 정리해 보는 심리적 유예기간을 갖는 것이 좋습니다. 자신이 누구이며, 무엇을 할 수 있는지에 대해 새롭게 설계도를 작성하는 특별한 기간을 갖는 것입니다. 그 어떤 것도 너무 늦은 때는 없습니다. 깨달음의 자리에서 다시 시작해도 늦지 않습니다.

신뢰와 불신	출생~2세
자율성과 수치	2~3세
주도성과 죄의식	3~6세
근면성과 열등감	6~11세
정체성과 역할 혼미	11세~

에릭슨의 이야기는 청소년기에서 끝나지 않고 계속되지만 이만큼만 들어 보기로 하겠습니다. 어떻습니까? 일리가 있다고 생각되십니까? 피아제나 에릭슨이 말하는 심리학적 지식은 자녀를 기르는 데 큰 도움을 줍니다. 하지만 그것만으로는 충분하지 않습니다. 손철주의 《그림 아는 만큼 보인다》라는 책을 읽은 적이 있습니다. 책의 내용도 좋았지만, 제목만으로도 말하고자 하는 것의 의미를 이해할 수 있었습니다. 지식이 있어야 보입니다. 그래서 지식 없는 경험은 공허합니다. 지식이 있을 때 경험하는 것의 의미를 충분히 살려낼 수 있습니다. 자녀를 기르는 일에도 지식이 필요합니다. 자녀라는 사랑의 대상에 대한 공부, 우리 아이가 살고 있는 세상에 대한 공부는 아이들과 함께 세상을 행복하게 살아가도록 도와줍니다.

우리는 줄곧 학교에서 공부해 왔습니다. 그것은 상급학교에 진학하기 위한 공부였습니다. 학교를 졸업한 후에는 더 이상 공부는 필요 없다 생각하여 책을 덮습니다. 하지만 막상 살다 보면 사랑하는 대상에 대한 공부가 더 필요했음을 느낄 때가 있습니다. 배우자에 대한 공부, 자녀에 대한 공부를 좀더 했어야 했다고 생각하게 됩니다. 존 그레이 John Gray 가 쓴 《화성에서 온 남자 금성에서 온 여자》를 읽다 보면 배우자의 특성을 보다 선명하게 이해하게 됩니다. 이런 지식을 좀더 일찍 갖게 되었더라면 남녀관계에서 시행착오를 하지 않았거나 적게 했을 것이란 생각이 들었습니다. 자녀에 대한 지식은 어떤가요? 아이들에 대한 지식도 좀더 일찍 알았다면 훨씬 행복한 관계를 이룰 수 있었을 겁니다. 이 공부에는 앞에서 언급한 아이 개인에 대한 공부뿐 아니라, 아이가 살고 있는 세상에 대한 공부도 포함되어 있습니다.

우리가 살고 있는 시대를 포스트모던 Postmodern 사회라고 말합니다. 포스트 Post 라는 단어가 '이후'라는 뜻이고, 모던 modern 은 '이성 중심의 서구 근대문화 및 사상'을 의미합니다. modern이 '근대'로 번역되는데, 그 특징은 합리성과 객관성에 있다 하겠습니다. 객관성이란 '누가, 언제 보아도 그렇다고 인정되는 것'입니다. 여기 빨간 우산이 있습니다. 누가 보아도 빨간 우산입니다. 그런데 어떤 사람이 빨간 우산을 노란 우산이라고 말하면 어떻게 되죠? 틀린 것이죠! 그러니까 객관성을 믿는 사람에게 '다르다'는 것은 곧 틀렸다는 것입니다. 틀린 것은 어떻게 해야 합니까? 고쳐 줘야 합니다. 틀린 것을 고쳐서 바른 대답을 하도록 만들어야 합니다. 그렇게 하다 보면 자연히 획일화가 일어납니다. 그런데 포스트모던 사회는 그런 획일화를 반대합니다. 획일성에서 다양성을, 전체성에서 개별성을 주장하는 세상입니다. 각자의 생각과 느낌과 욕구를 존중해 달라고 요구하는 세상이 포스트모던 사회이고, 우리 아이들은 이런 사회에 살고 있습니다. 그러니까 객관성이 받아들여지던 옛날과는 다른 세상이 되었습니다.

많은 부모가 포스트모던 사회에 살고 있으면서도 자신이 살고 있는 세상의 특징을 파악하지 못하고 있는 것이 현실입니다. 부모가 보기에는 빨간 우산인데 아이는 노란 우산이라고 합니다. 부모의 말이 맞습니다. 그러나 부모의 말이 맞다고 고집하면 아이들의 대답은 틀린 것이 됩니다. 틀렸으니까 맞게 고쳐 주려고 잔소리를 하거나 꾸짖다가 관계마저 망쳐 버립니다. 그런데 포스트모던 사회에서는 '틀렸다'고 말하지 않고 '다르다'고 말합니다. '틀렸다'와

'다르다', 어떻게 생각하십니까? 우리 아이들은 다르게 살아가고 있습니다. 이성보다는 감성을, 획일성보다는 다양성을 요구하는 세상에 살고 있습니다. 그러니까 아이들도 힘든 세상이지만 어른들도 이해하기 힘든 세상이 되었습니다.

이솝 우화에 나오는 「개미와 베짱이」 이야기를 아실 겁니다. 여름 내내 먹을 것을 준비하며 열심히 일하는 개미가 있었습니다. 개미는 땀 흘려 일해서 겨울 양식을 준비했습니다. 그런데 베짱이는 여름 내내 일은 하지 않고 노래하며 놀기만 했습니다. 추운 겨울이 오자 개미는 여름에 준비한 양식을 먹으며 행복하게 지낼 수 있었는데, 베짱이는 추위에 떨며 불행하게 지내야만 했습니다. 여기까지가 이솝이 만든 이야기입니다. 그런데 최근 그 이후 편이 나왔습니다.

겨울이 와서 추워지자 베짱이가 개미네 대문을 두드렸습니다. 추워서 견디기 어려우니 좀 재워 달라고 했습니다. 부모는 안 된다고 했으나 자녀 개미가 방도 많은데 겨울을 날 수 있게 해 주자고 강권했습니다. 자식 이기는 부모 없다고, 결국 베짱이를 집에 들여

놓았습니다. 베짱이는 여름 내내 쌓은 노래 실력으로 부잣집 아들에게 노래를 가르쳐 주었습니다. 악기를 연주하는 법도 가르쳐 주었고, 우연히 창고를 지나가다가 누룩 냄새를 맡은 베짱이는 술을 만들어 술맛도 가르쳐 주었습니다. 나중에야 부모 개미는 베짱이에게 물들여진 자식을 보면서 펄쩍 펄쩍 뛰었지만, 이미 자녀 개미는 베짱이가 가르쳐 준 모든 것에 푹 빠진 다음이었습니다.

이 우화는 우리 아이들의 현주소를 말해 주고 있습니다. 어떻습니까? 우리 아이들은 틀렸나요? 아니면 다른가요? 다릅니다. 다르기 때문에 아이들에 대한 공부, 지식이 필요합니다. 이 지식은 우리 아이들과 함께 만들어 가는 세상을 더 행복하고 풍요롭게 할 것입니다.

우리 사회는 온갖 재미있는 것이 가정 바깥에 있다고 생각하는 것 같습니다. 가정에 들어와 가족과 함께 지내는 것에 부담을 느낍니다. 그런데 성경은 온갖 좋은 것이 가정 안에 있다고 말합니다. 모든 축복이 가정을 통해 온다고도 합니다. 성경의 가르침에 기반을 두고 사는 유대인들은 결혼한 이후에는 가정 안에서 행복을 추구합니다. 배우자, 자녀들과 더불어 행복한 가정을 만들기 위해 수고를 아끼지 않습니다. 하나님을 사랑하고, 서로를 믿음으로 격려하여 가정 안에서 작은 천국을 이룹니다. 우리도 그와 같은 행복을 만들어 가야 하지 않을까요? 가계를 타고 흘러내려 오던 저주의 사슬을 끊고, 축복의 새 역사를 만들어 가야 합니다. 주도권은 부모에게 있습니다.

2

좋은 부모
되기

좋은 부모와의 만남은 인생에서 누리는 가장 큰 축복 가운데 하나입니다. 자녀를 사랑하는 기술과 지식이 있는 부모를 만났다면 그것은 더 큰 복이라 할 수 있습니다. 귀중한 생명을 선물로 받았음에도 사랑하는 기술과 능력이 없어서 자녀와의 관계도 망쳐 버리고, 자녀의 운명을 망가뜨린 부모가 생각보다 많습니다. 알코올 의존증 부모 밑에서 성장하여 그 운명을 반복하는 가정들이 있습니다. 가계를 타고 내려오는 저주의 사슬을 끊지 못한 사람들입니다. 그런 부모 밑에서 성장한 아이들은 자칫하면 성인 아이가 됩니다. 몸은 성인인데 내면에는 초조하고 불안해하는 어린아이가 있어서 불행한 운명이 재생산됩니다.

건강한 부모와의 만남이 얼마나 소중한 축복인지 모릅니다.

파블로 피카소 Pablo R. Picasso 는 화가로서 세계적인 명성을 얻었을 때 다음과 같은 말을 했습니다. "남자 그림을 그릴 때마다 자동적으로 아버지가 떠올랐습니다. 내게 있어 남자는 바로 우리 아버지이며, 내가 살아 있는 한 영원히 그럴 겁니다." 그만큼 그는 아버지를 존경하고 사랑했습니다. 미술관 큐레이터로 일했던 아버지는 아들에게 그림 그리는 재능이 있음을 발견하고 왕립 미술학교에 입학시켰다가 프랑스로 유학을 보냅니다. 자신의 모든 걸 포기하고, 아들을 위해 헌신했습니다. 덕분에 피카소는 역사에 길이 남는 위대한 화가가 되었습니다.

성경에는 다양한 부모가 소개되어 있습니다. 한나와 같이 기도로 자녀를 얻어 하나님의 사람으로 성장시킨 사람이 있는가 하면, 엘리처럼 부모 역할을 제대로 하지 못해 자녀의 운명이 나락으로 떨어져 버린 가정도 있습니다. 누구를 모델로 삼아야 할까요? 사람이 아니라 하나님으로부터 시작해야 합니다. 가장 좋은 부모 역할 모델은 하나님입니다.

성경에 나타난 하나님은 우리의 아버지입니다. 하나님과 우리의 관계가 가족관계로 설명되었다는 뜻입니다. 모든 사람은 부성과 모성을 갖고 있으며, 그 둘이 비율을 이루고 있습니다. 하나님 우리 아버지는 공의와 사랑, 율법과 은혜, 통제와 지원이라는 두 가지의 성향을 가지고 있습니다. 선악과를 따 먹고 나무 그늘 아래 숨은 인간에게 공의와 사랑이라는 양면을 가지고 다가오신 하나님은 우리의 아버지였습니다. 선악과를 따 먹은 처음 사람들에게 벌을 내려 공의를 세우셨지만, 동산 밖으로 내쫓기는 아담 부부에게 사랑으로 가죽옷을 입혀 내보내셨습니다. 하나님 안에는 이 두 가지 성향이 조화를 이루고 있었습니다. 그러므로 우리도 두 성향의 조화를 이루며 자녀를 길러야 합니다.

모성만 필요한 게 아닙니다. 부성도 있어야 합니다. 부성이 이성과 훈련, 질서와 책임과 관련되어 있는 데 비해, 모성은 감성과 안전, 자유와 지원과 관련되어 있습니다. 부성적 사랑은 '~때문에 사랑한다'고 말하는데, 모성적 사랑은 '~에도 불구하고 사랑한다'고 말합니다. 부성에 의해 인간은 복종, 책임, 성실과 절제를 배우고, 모성에 의해 자기사랑, 자존감, 자유를 배웁니다. 이 둘의 균형이 인간을 성숙한 존재로 만듭니다. 그러니까 엄마의 방식만 중요한 것이 아닙니다. 아빠의 방식도 필요합니다. 양성의 조화 속에서 자녀를 기를 때, 아이들은 건강하고 균형 잡힌 인격의 소유자가 됩니다.

네 가지 유형의 부모상이 있습니다. 지원 사랑과 통제라는 두 개의 기준을 가지고 네 가지 부모 유형으로 나눠 볼 수 있습니다. 허용적 부모, 방임적 부모, 독재적 부모, 민주적 부모가 그것입니다.

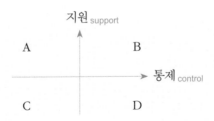

A유형 허용적 부모   B유형 민주적 부모
C유형 방임적 부모   D유형 독재적 부모

허용적 부모는(A) 사랑은 많으나 통제하지 않습니다. 사랑하여 아이가 원하는 대로 지원하지만 한계를 긋지 못합니다. 하고자 하는 대로 허용합니다. 그 결과 자신의 행동을 자제하지 못하여 버릇 없는 아이가 되고, 심하면 제멋대로 하는 사람이 됩니다. 아이에게 잘해 주지 못한다는 부모의 죄책감 때문에, 혹은 여타 다른 이유로 허용적 태도를 취했는데 결국 제멋대로 하는 사람으로 성장하니 부모의 짐 덩어리, 근심거리가 됩니다.

방임적 부모(C)는 사랑이 없습니다. 사랑이 없으니까 통제도 하지 않습니다. 사랑은 '안 돼!'라는 말과 함께 구체화됩니다. '그래라', '생각해 보자'도 좋지만 '안 된다!'는 통제야말로 가장 소중한 사랑의 표현입니다. 그런데 아이가 잘못하는데도 아무런 말이 없습니다. 방치해 버리는 것이죠. 이런 가정에서 성장한 아이들은 어떻게 될까요? 어떻게 해야 사랑받는지 모르기 때문에 사회에서도 제 역할을 해내기 어렵습니다. 해야 할 것과 하지 말아야 할 것을 내면화하지 못한 까닭에 사회 부적응자가 될 위험이 높습니다.

독재적 부모(D)는 사랑 없이 통제만 하는 유형입니다. 지나치게 통제하기 때문에 아이는 수동적인 사람으로 성장합니다. 부모는 훌륭한 사람이 되라고 간섭한 것이지만, 결과는 끌려다니는 피

동적인 사람이 되게 합니다. 자신이 한 일도 시키니까 한 것이라고 하며 책임지지 않거나 책임을 전가합니다. 독재적 부모 밑에서 자란 아이는 성격 장애자가 될 위험이 높습니다.

민주적 부모(B)도 있습니다. 사랑하는 마음을 가득 안고 자녀를 통제합니다. 부모의 권위가 살아 있어서 자녀들은 부모의 통제에 따릅니다. 부모도 자신의 기분에 따라 아이들을 혼내고 윽박지르거나 체벌하지 않습니다. 인격적으로 존중하며 소통합니다. 부모의 인격적 돌봄 덕분에 자녀들도 균형 잡힌 성품의 사람으로 성장합니다. 이런 가정에서 자란 아이들은 안정적이고, 주도적이며, 적극적인 사람이 됩니다.

당신은 어떤 유형의 부모입니까?

나는 _____유형의 부모입니다.

자신의 실제 모습과 소망하는 부모 유형 사이에는 괴리가 있습니다. 자신은 민주적이라 말하지만 실제는 허용적인 경우도 있고, 어떤 면에서는 민주적인데 다른 면에서는 독재적인 경우도 있습니다. 객관적으로 자신을 파악하기란 쉽지 않지만, 가능하면 자신을 진실의 거울에 비춰 보고 왜곡된 부분을 고치려는 노력이 필요합니다.

칼릴 지브란Kahlil Gibran 은 자녀에 대하여 다음과 같은 말을 했습니다.

당신의 자녀는 당신의 것이 아닙니다.
그 아이들은 생명의 아들이고, 생명의 딸입니다.
부모를 통하여 왔으나, 부모로부터 온 것은 아닙니다.
또한 부모와 함께 있으나 부모의 것은 아닙니다.

(중략)

당신이 아이들처럼 되고자 하는 것은 좋으나
아이들을 당신처럼 만들고자 하지는 마십시오.
왜냐하면 인생은 과거로 가는 것도 아니며
어제에 머물지도 않기 때문입니다.

칼릴 지브란은 많은 부모가 자녀를 자신의 소유물처럼 생각하고 있다고 본 것 같습니다. 사실 아이들이 부모를 통하여 왔지만 부모로부터 온 것은 아닙니다. 아이들은 하나님으로부터 왔습니다. 그런데도 부모는 자녀를 소유물로 생각합니다. 자본주의 사회에서는 사랑도 소유의 개념으로 표현합니다. '너는 내 꺼야!' 사랑하는 사람에 대해서도, 자녀에 대해서도 은연중에 우리는 '너는 내 꺼야!'라고 생각합니다. 그런데 배우자가 내 소유가 되던가요? 자녀가 내 것이고, 내 마음대로 되던가요? 내 마음대로 되지 않습니다. 내 소유가 아니기 때문입니다. 자녀는 부모를 통해 이 땅에 온 하나님의 아이들입니다. 부모는 청지기요, 돌보미일 뿐입니다.

갓난아이에게 분유를 먹여 본 경험이 있으신가요? 아이들은 자기가 먹고 싶은 만큼 먹고 나면 혀를 내밉니다. 80밀리를 타서 먹이는데 50밀리는 먹고 30밀리쯤은 남깁니다. 남은 것을 다 먹었으면 해서 여러 번 입에 넣어 줘도 아이는 더 이상 먹지 않습니다. 그러면 하는 수 없이 엄마가 먹습니다. 소량의 분유도 아이가 원하지 않으면 먹일 수 없습니다.

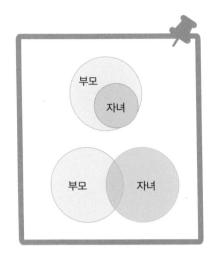

공부는 어떻습니까? 아이들이 부모의 기대대로 공부를 합니까? 공부했으면 좋겠는데 아이들은 게임에 몰두합니다. 친구들과 노는 데 정신이 팔려 있습니다. 부모가 기대하는 것을 하는 대신 자신이 하고 싶은 것을 합니다. 아이들은 내 자녀임이 분명한데 내 뜻대로 되지 않습니다. 아이들은 저마다의 욕구와 관심과 원하는 바가 있습니다. 특별히 재능도 부모의 기대와는 전혀 다릅니다. 이런 아이들을 우리는 어떻게 다루어야 할까요? 아이들의 '개체성'을 인정해야 합니다. 아이들은 부모의 품속에서 성장하여 품 밖으로 나갑니다. 밖으로 나가 독립적인 존재로 섭니다. 그것이 자연스럽고 당연한 일인데도 자녀가 계속 의존해 주기를 바라는 부모들이 있습니다.

스티븐 코비 Stephen Covey 는 부모-자녀관계를 세 가지 패러다임으로 설명했습니다. 의존적 관계, 독립적 관계, 상호의존적 관계가 그것입니다. 아이들은 태어나 부모를 의지하여 성장하지만 독립적

● ● ● 소통의 기술

존재가 되어야 합니다. 신체적으로, 정신적으로, 그리고 경제적으로 독립해야 합니다. 그러나 지나치게 독립적인 삶은 유익하지 않습니다. 아이들이 커서 독립해도 여전히 부모-자녀관계는 남아 있게 마련입니다. 그러니까 또 하나의 패러다임이 있는 셈입니다. 그것이 상호의존적 삶입니다. 의존할 수밖에 없던 존재에서 독립적인 사람으로 성장해 가는 동안 부모는 자녀를 내면이 건강한 사람으로 길러야 합니다. 부모의 미숙함이나 기술 부족이 걸림돌이 되지 않도록, 부모의 기대와 다르더라도 쓸모없는 사람으로 전락하지 않도록 돌봐 줘야 합니다.

미국의 전설적인 록 가수 자니 캐시 Johnny Cash 의 일대기를 다룬 "앙코르"라는 영화가 있습니다. 거친 아빠와 신앙심 깊은 어머니 사이에 태어난 주인공에게는 형이 하나 있었습니다. 모든 면에서 성실하고 총명해서 아버지의 기대에 만족감을 주었고, 동생에게도 듬직한 형이었습니다. 그런데 그렇게 능력 있던 형이 아버지를 돕다가 사고로 갑자기 죽고 말았습니다. 두려움과 슬픔을 삭이다가 밤늦게 집에 들어간 둘째에게 아버지는 이렇게 말합니다. "쓸모 있는 놈은 죽고, 쓸모없는 놈은 살아남았구만!" 아버지의 말이 둘째의 가슴에 비수처럼 꽂혔습니다. 그는 가슴에 박힌 이 말 한 마디를 뽑아내지 못합니다. 훗날 유명한 가수가 되어 저택을 사 드리기도 하면서 아버지의 인정에 목말라하지만 소망하던 것은 끝내 이루어지지 않습니다. 방황하던 그는 알코올 의존증 환자가 됩니다. 폐인이 된 이 재주 많은 사람을 살려낸 것은 사랑하는 여인과의 만남이었습니다. 하마터면 완전히 쓸모없는 인간이 될 뻔한 사람을 사랑이 살려냅니다.

자녀가 부모의 기대에 부응하지 않더라도 자신의 인생을 살아가도록 디딤돌이 되어 주는 것이 부모가 할 일입니다. 그런데 자녀의 재능이나 숨겨진 소질에 대해서는 아무런 주의를 기울이지 않은 채 부모의 생각만 주입하려고 한다면 서로에게 고통스러운 일이 생깁니다. 대리만족을 위한 주입이나 억압은 곤란합니다. 자녀를 부모의 '틀 안'에 넣으려는 시도도 위험합니다. 아이들에게 자유를 주어야 합니다. 선택의 자유, 학습하는 자유, 자기 인생을 살아가는 자유를 주십시다.

읽어 오기 ···▸ 스캇 펙, 《아직도 가야 할 길》, 율리시즈

3

지식의 기초

교육의 개념에 대한 두 가지 견해가 있습니다. 하나는 인간을 백지와 같은 존재로 보는 견해이고, 또 하나는 인간이 잠재 가능성을 내재하고 있다고 보는 입장입니다. 아이를 백지와 같은 존재로 보는 사람들은, 그리는 대로 아이들이 성장한다고 생각합니다. 그래서 많은 지식과 정보를 주입합니다. 반대로 이미 청사진을 가지고 태어난다고 보는 입장에서는 아이의 잠재된 가능성을 밖으로 끄집어내 주는 것이 교육이라고 생각합니다. 어느 쪽에 서느냐에 따라 교육의 방향이 달라집니다.

물론 모든 부모가 교육철학자는 아니기 때문에 확고한 입장을

● ● ●

가지고 자녀를 교육하는 것은 아닙니다. 그러다 보니 주변 사람들의 영향을 받습니다. 그래서 나온 우스갯소리가 있습니다. 한국 교육은 누가 책임지는가? 옆집 아줌마가 책임진다! 부모의 확고한 신념과 철학에 따라 학원을 선택하고 학습지를 고르는 것이 아니라 주변 사람들의 권유를 따르게 됩니다. 그들의 권유가 바람직한 것이면 다행이지만, 그렇지 않으면 혼돈에 빠집니다. 목적과 방향을 알지 못한 채 그저 따라가기 때문입니다.

엄밀히 말해 교육은 학습자의 출세를 위한 것일 수 있고, 또한 사회가 필요한 사람을 선발하기 위한 것이기도 합니다. 사회는 학습 내용을 공적으로 정한 다음 학교를 통해 교수학습 과정을 제공합니다. 그리고 평가하여 상급학교에 진학시킵니다. 학교를 졸업하는 학생들은 직장에 원서를 냅니다. 자리는 제한되어 있고 차지하려는 사람은 많다 보니 경쟁이 치열합니다. 우위를 점하기 위해 아이들은 일찍부터 경쟁에 돌입합니다.

요즘은 세 살만 되어도 한글을 가르쳐야 한다며 부모의 불안 심리를 자극하는 사람들이 있습니다. 데이비드 엘카인드David Elkind 의

말처럼 '일찍 익은 과일은 일찍 썩게 마련'인데 아이들에게 더 빨리 자라라고 재촉하고 내몹니다. 중학교 1학년인데도 선행학습으로 이미 고등학교 공부를 하는 아이들도 있습니다. 미리 공부하여 좋은 결과를 얻으면 다행이지만, 모든 아이가 기대하는 결과에 이르게 될까요? 현실은 실력 있는 학생이 되기보다는 공부에 질려 버린 아이들이 더 많습니다. 공부하는 즐거움을 빼앗겼기 때문입니다. 재촉하는 부모들도 본인이 원해서 그런 것은 아닙니다. 내 아이만 뒤떨어지는 것 아닌가 하는 염려와 불안 심리 때문에 그렇게 한 것이지만, 그 결과는 주변 사람들이 책임져 주지 않습니다.

다행히 학교 공부를 잘해서 좋은 등급을 얻고, 좋은 대학에 가고, 좋은 직장에 취업하면 감사한 일입니다. 그러나 사회 선발의 틀을 자세히 들여다보면 '여분의 사람들'은 있게 마련입니다. 모든 학생이 법관이 될 수는 없습니다. 모두 의사가 될 수도 없습니다. 물론 모든 지원자가 공무원이 될 수도 없습니다. 필요한 숫자는 제한적이므로 경쟁은 어쩔 수 없는 현실이 됩니다. 그렇다면 경쟁에서 밀려난 아이들은 쓸모없는 '여분의 존재들'인가요? 그렇지 않습니다. 모든 아이는 소중하고, 태어난 모든 아이는 쓸모가 있습니다. 고린도전서 12장 21–23절 말씀입니다.

"눈이 손더러 내가 너를 쓸 데가 없다 하거나 또한 머리가 발더러 내가 너를 쓸 데가 없다 하지 못하리라. 그뿐 아니라 더 약하게 보이는 몸의 지체가 도리어 요긴하고 우리가 몸의 덜 귀히 여기는 그것들을 더욱 귀한 것들로 입혀 주며 우리의 아름답지 못한 지체는 더욱 아름다운 것을 얻느니라."

어렸을 때 돌담을 쌓는 어른들을 도와드린 적이 있습니다. 주변에 널려 있는 돌을 주워 갖다 드리면 거기 내려놓으라고 했습니다. 돌을 계속 가져다 드리면서 보니까 먼저 가져다 놓은 것이 그대로 있었습니다. 이 돌은 쓸모없으면 갖다 버리겠다고 물으니 어른들은 그냥 두라고 했습니다. 좀 지나면 쓸 데가 있다고 말입니다. 그리고 정말 조금 지나니 그 돌이 적절한 곳에 쓰였습니다. 쓸모없는 돌은 없었습니다. 이 경우를 사람에게 적용하는 것은 무리일까요? 태어난 모든 아이는 쓸모가 있습니다. 언제 쓰일지는 우리가 정확히 알지 못합니다. 하지만 지금 쓰임 받지 못한다고 해서 쓸모없는 존재는 아닙니다. 또 사회가 필요로 하는 제한적인 직업군에 들지 못했다고 해서 인생에서 실패한 것도 아닙니다. 특별히 공부하는 진짜 이유가 단지 사회적 우위를 점하기 위한 것이어서는 곤란합니다.

서머힐의 설립자 닐A. S. Neill은 학생들을 모든 억압으로부터 건져 내어 자유롭게 학습하도록 했습니다. 그는 "교육이란 하나의 수단이며, 목적은 학습자의 행복에 있어야 한다."고 했습니다. 우리의 현실과 비교해 볼 때 괴리가 있어 보입니다. 우리 아이들은 이른 아침부터 늦은 저녁까지 여기저기로 내몰립니다. 학교에서 학원으로, 학원 갔다 오면 과외며 숙제며 학습지를 하느라 늦게까지 분주합니다. 그 모든 것이 장차 아이들의 행복을 위해 필요하다고 강변하지만, 확실히 그렇다고 말할 수 있는 사람은 없습니다. 자신이 얻은 학업 성취에 따라 일자리를 얻었다 하여 반드시 행복할 것이라는 보장도 없기 때문입니다.

자녀교육과 관련하여 부모들이 간과해서는 안 되는 것이 있습니다. 모든 아이가 공부를 잘할 수는 없으며, 모든 아이가 탁월한 재능을 갖고 태어나는 것은 아니라는 사실입니다. 많은 부모가 자신의 아이를 영재이거나 천재라 여기는 것 같습니다. 특별한 재주가 없는데도 그림을 그려 오면 '아주 잘 그렸다!'고 칭찬해 줍니다. 객관적으로 잘 그려서가 아니라 그 아이를 격려하기 위해 칭찬해 주면 부모는 아이를 미대에 보내겠다고 합니다. 칭찬의 의미를 이해해야 하는데, 자녀에 관한 한 부모는 객관적이기 어려운 것 같습니다.

현대 사회에서 교육은 학습자의 행복을 위한 것이어야 한다는 견해가 더욱 설득력을 얻고 있습니다. 우리는 유교 교육의 목적을 따라 출세와 입신양명에 모든 것을 걸었던 시절이 있습니다. 그러나 이제 더 이상 그것이 교육의 목적이 되어서는 안 된다는 데 공감하고 있습니다. 사람은 출세하기 위해 태어난 것이 아니며, 공부하는 목적 또한 자아를 실현하기 위한 것이기 때문입니다. 인간은 학교를 위해 공부하는 것이 아닙니다. 학습자 자신을 위해 공부해야 합니다. 그러므로 교육은 행복한 개인을 만들기 위한 것이어야 합니다.

중요한 것은 내 아이의 재능과 소질입니다. 음악을 전혀 알지 못하는 부모 밑에서 노래도 잘하고, 춤도 잘 추는 아이가 나올 수 있습니다. 글을 잘 쓰지 못하는 부모 밑에서 탁월한 글솜씨가 있는 아이가 자라기도 합니다. 법에 대해 전혀 알지 못하는 부모 밑에서 훌륭한 법관이 나오기도 하고, 운동이라고는 숨쉬기밖에 못 하는 부모 밑에서 훌륭한 운동선수가 나오기도 합니다. 중요한 것은 아이의 소질과 재능입니다. 그것을 발견하여 개발해 주는 것이 부모의 역할입니다. 교육을 통해 자녀들의 재능과 소질을 계발해 주어야지 자신이 이루지 못한 것을 대신하여 이루게 한다든지, 사교육장에서 조장하는 학습 분량을 습득하도록 주입하는 것으로는 불행한 결과를 얻게 될 것입니다. 누가 뭐래도 초등학교 가기 전까지는 많이 놀게 하고, 문자 학습은 늦게 시켜야 합니다. 다양한 학원에 보내는 것은 좋으나 목표가 재능 발견에 있어야 합니다.

교육의 목적이 학습자 자신만의 행복에 있을까요? 우리는 그렇다고 말하기 어렵습니다. 왜냐하면 인간은 사회적 존재이기 때문입니다. 나 한 사람이 존재하기 위하여 많은 사람이 수고합니다. 우리는 서로에게 빚을 지고 살아갑니다. 진 빚은 갚아야 합니다. 받은 사랑을 갚으며 살아가는 사람이 되게 하는 것은, 간과해서는

● ● ● 소통의 기술

안 될 중요한 교육 목표입니다. 하나님을 사랑하고, 사람을 사랑하는 교육이 되어야 합니다. 받은 혜택을 다시 사회에 환원하며 살려는 사람, 더불어 행복한 세상을 만들려는 사람을 길러 내야 합니다. 나 혼자 잘 먹고 잘 사는 사람이 아니라, 세상에서 빛이 되고 공동체에 유익이 되는 사람으로 기르는 것이 좋습니다.

교육에는 왕도가 없다고 하겠지만 그럼에도 진리는 있습니다. 아이들은 공부하기 위해 태어난 것이 아닙니다. 직장에서 죽도록 일하기 위해 태어난 것도 아닙니다. 인간은 사랑받고 사랑하기 위하여 태어났습니다. 그럼에도 현실을 무시할 수는 없습니다. 아이들은 커서 스스로 밥벌이를 할 수 있어야 하고, 사회에서 제구실을 할 수 있어야 합니다. 그러기 위해 세상에서 자기만의 영역을 구축할 수 있어야 합니다.

우리가 살고 있는 세상은 성공과 실패의 나라, 사랑받거나 미움받는 나라, 인정받거나 쓸모없는 존재라 여김 받는 나라이기 때문입니다. 이 나라에서 성공적인 인생을 살아가기 위해서는 나름대로 자신의 능력과 재능을 발휘하여 제 역할을 감당해 내야 합니다. 여기에 딜레마가 있습니다.

인류 문명은 두 기둥 위에 세워져 있다고 합니다. 헬레니즘Hellenism과 헤브라이즘Hebraism이 그것입니다. 헬레니즘은 '어떻게?'라고 묻고, 헤브라이즘은 '왜?'라고 묻습니다. '어떻게'라고 묻는 헬레니즘은 과학적이고 경험적인 지식의 영역을 확장시키고자 합니다. 반면 '왜'라고 묻는 헤브라이즘은 존재의 이유와 목적을 묻습니다. 헬레니즘이 통제하고 지배하고 쟁취하려는 데 목적을 두고 있다면, 헤브라이즘은 사랑하기 위하여 추구하는 지적 작업입니다.

공부에는 두 가지 동기가 있습니다. 하나는 세상에서 성공하여 인정받기 위한 공부입니다. 이 공부는 미래를 예측하고 통제하기 위한 공부입니다. 그런가 하면 또 하나는 사랑하기 위해 지식을 쌓는 공부입니다. 통제하고 군림하기 위해 공부하는 것이 아니라, 사랑하고 또 사랑하기 위하여 배웁니다. 그것은 세상 나라가 요구하는 것이 아니라 하나님 나라에서 요구하는 것입니다. 하나님 나라는 있는 그대로 사랑받는 나라, 기쁨의 나라, 생명의 나라, 살리는 나라입니다. 이 나라에서는 세상 나라와는 다른 동기로 공부합니다. 죽어 가는 사람을 살리고, 그들의 기쁨을 회복시키기 위해 배

● ● ● 소통의 기술

웁니다. 하나님 나라에서는 이 세상에서만 필요한 지식이 아니라, 영생하도록 있을 진리를 가르칩니다. 영원한 진리를 습득한 사람들은 생명의 지평을 이 세상에 국한시키지 않습니다. 땅에 살고 있지만 하늘에 속한 사람이기 때문입니다.

그리스도인은 세상에 살고 있지만, 세상과 다르게 살아야 합니다. 세상에 살고 있지만 세상에 속하지 않은 사람이어야 합니다. 그리스도인들이 하나님 나라 시민으로 살아가려면 먼저 그 나라 시민다워져야 합니다. 하나님 나라의 세계관에 물들여져야 하는 것이죠. 불행은 하나님 나라에 살고 있으면서 그 세계관에 물들지 못했다는 데 있습니다. 하나님 나라에 속하여 기독교적 세계관에 물들고 자녀를 신앙으로 교육해야 하는데, 대부분의 기독교인이 세속적 세계관과 기독교적 세계관 사이의 차이점을 구별하지 못합니다. 그 결과 하나님 나라 백성이면서도 세상 나라의 원칙에 붙들려 삽니다. 뿐만 아니라 세속적인 세계관을 무의식적으로 자녀에게 강요합니다. 이 연결고리를 끊어 내고 새로운 역사를 시작하려면, 부모가 먼저 기독교적 세계관 위에 굳건하게 세워져야 합니다. 마태복음 7장 24-27절의 말씀을 읽어 보겠습니다.

"그러므로 누구든지 나의 이 말을 듣고 행하는 자는 그 집을 반석 위에 지은 지혜로운 사람 같으리니 비가 내리고 창수가 나고 바람이 불어 그 집에 부딪치되 무너지지 아니하나니 이는 주추를 반석 위에 놓은 까닭이요 나의 이 말을 듣고 행하지 아니하는 자는 그 집을 모래 위에 지은 어리석은 사람 같으리니 비가 내리고 창수가 나고 바람이 불어 그 집에 부딪치매 무너져 그 무너짐이 심하니라."

기독교적 세계관으로 볼 때 교육은 어떤 의미를 갖게 되나요? 교육의 기초는 '하나님 경외'입니다. 하나님을 사랑하는 것이 지식의 기초입니다. 그 기초 위에 필요한 몸의 건강, 정서의 안정, 읽기, 쓰기, 셈하기를 배웁니다. 이 계단이 거꾸로 서면 교육은 우상이 됩니다. 교육이 수단의 자리로 내려가야지 우상이 되면, 주일에 과외 하고 학원에 보내느라 하나님을 예배하기 어렵게 됩니다. 수단이 목적을 대체하면 인간은 목적이 됩니다. 인간이 인간의 자리에 서 있어야 행복한데, 인간이 하나님의 자리에 서게 되니 불행할 수밖에 없습니다. 먼저 참된 예배자가 되고, 그 다음으로 사회에서 제구실을 할 수 있도록 재능을 꽃피워 갈 때 성공적인 인생을 살아갈 수 있습니다.

"여호와를 경외하는 것이 지식의 근본이거늘 미련한 자는 지혜와 훈계를

멸시하느니라."(잠 1:7)

4

사랑의
기술

자녀를 사랑하지 않는 부모는 없습니다. 그러나 사랑의 개념에 대해 제대로 알지 못하는 부모는 얼마든지 있습니다. 사랑하여 결혼하고, 결혼하여 아이를 낳았지만 사랑이 무엇인지, 어떤 것이 사랑이고 어떤 것이 사랑이 아닌지를 분별하지 못합니다. 아이가 스스로 등교할 수 있는 가까운 거리임에도 차를 태워 등교시키는 부모가 있습니다. 스스로 할 수 있는 문제인데도 부모가 대신해 줍니다. 그게 사랑일까요? 스캇 펙M. Scott Peck 은 사랑을 "자신이나 타인의 영적 성장을 도울 목적으로 자신을 확대해 나가려는 의지"라고 말합니다. 아이가 스스로 걸어갈 수 있는데 데려다주는 것은 사랑이 아니라는 말이 됩니다. 왜냐하면 아이를 성장시키는 것이 아니라 의존적이 되게 하는 것이니까요. 사랑의 궁극적인 목적은 '영적 성장'에 있다고 하지 않습니까? 자녀의 성장을 위한 것이 아니면 그건 사랑이 아니라는 거죠. 성장을 위하여 줄 것은 분별력 있게 주고, 안 되는 것은 사려 깊게 주지 않는 것이 사랑입니다. 그러니까 사랑은 무엇을 주느냐의 문제가 아니라, 언제 어떻게 주느냐의 문제입니다. 그런 의미에서 무한한 자기희생은 사랑이 아닙니다. 생각 없이 희생만 하는 것은 사랑이라 할 수 없습니다. 감정이나 기분에 묶여 있는 희생은 사랑이 아닙니다. 사랑은 의지입니다. 사랑하기로 하는 것입니다.

사랑하기로 했으니까 쓸모 있으면 사랑하고 쓸모없으면 미워해서는 안 되는 것이죠. 도리어 사랑으로 쓸모 있는 사람이 되게 해야 합니다. 사랑하기에 의지적으로 아이들의 삶에 개입하여, 있어야 할 것이 있게 하고, 없어야 할 것은 없게 해야 합니다. 여기에는 부모의 결단과 용기가 필요합니다. 다윗 왕의 가정이 불행하게 되었던 이유는 아버지의 우유부단함 때문이었습니다. 옳고 그름에 대한 기준을 분명히 하고, 자녀들의 억울함을 충분히 들어 풀어 주었어야 하는데 그렇게 하지 않았습니다. 아이들과 함께 더 소중한 것에 대하여 이야기하지 않았습니다. 바쁘다는 핑계로!

옳고 그름에 대한 교육이 어느 때까지 시행되어야 하는가에 관한 문제는 자녀를 기르는 현실에서 매우 중요한 이슈가 됩니다. 자칫하면 옳고 그름에 대한 부모의 자기주장 때문에 아이의 내면이 죽어 버릴 위험이 있기 때문입니다. 로버트 풀검 Robert Fulghum 은《내가 정말 알아야 할 모든 것은 유치원에서 배웠다》라는 책을 썼습니다. 책 제목이 우리에게 시사하는 바는, 옳고 그름에 대한 가르침은 유치원 때로 충분하다는 뜻입니다. 마땅히 알아야 할 것은 유치원 이전에 가르치고, 그 이후에는 심판자가 되지 말아야 합니다. 자녀들이 학동기, 사춘기로 접어들었는데도 부모의 역할이 심판자에 고착되어 있으면 아이의 내면이 죽어 버릴 위험이 있습니다. 자녀의 성장과 더불어 부모 역할에 변화가 필요합니다. 이해하고 용납해 주는 것이 필요한데 부모는 '잔소리'를 합니다. 잔소리는 옳은 소리이긴 하지만 자녀들을 행복하게 만들지 못합니다.

게리 채프먼 Gary Chapman 은《5가지 사랑의 언어》라는 책을 썼습니다. 그 책에서 사랑은 인정하는 말을 하는 것, 시간을 함께 보내는 것, 선물을 하는 것, 신체적 접촉, 봉사라고 했습니다. 사랑은 아이의 존재를 인정해 주는 말을 통해 표현됩니다. 잔소리를 하는 대신 인정하고 격려하는 말을 해 주는 것이 사랑입니다. 한 가지 실수를 꾸짖으면서 존재마저 부정하는 비난을 하는 것은 부분을 전체로 보는 좋지 않은 습관입니다. 자녀가 백 개의 가지를 지닌 나무라면, 가지 하나에 문제가 생겼을 때 아흔아홉 개의 가지는 인정해 주고 문제가 된 한 개의 가지만 다루는 기술이 필요합니다. 또 꾸짖을 때 과거에 잘못한 모든 역사를 엮어서 공격하는 것도 좋지 않은 습관입니다. 잘못한 것만 가지고 고치도록 요구하는 훈련이 부모에게 필요합니다. 존재를 소중히 여겨 인정해 주고, 잘못된 것은 고쳐 주려는 따뜻한 접근이 필요합니다.

또한 사랑은 시간을 함께 보내는 것이기도 합니다. 단지 시간을 보내는 것이 아니라 함께 소통하며 상대방에게 집중하는 것, 그것이 사랑입니다.

그리고 사랑은 선물을 해 주는 것입니다. 선물은 그가 나를 생각하고 있다는 증거이고, 눈에 보이는 사랑의 징표입니다. 선물이

거창할 필요는 없습니다. 크든 작든, 물질적인 것이든 정신적인 것이든, 선물은 받는 사람에게 사랑받고 있다는 확신과 기쁨을 안겨 줍니다. 그러므로 가족끼리 주고받는 선물은 매우 소중한 사랑의 표징이 됩니다.

신체적 접촉도 중요한 사랑의 표현입니다. 아이들의 손을 잡아 주거나 안아 주는 것, 이마의 땀을 닦아 주거나 머리를 쓰다듬어 주는 것도 매우 소중한 사랑의 표현입니다.

봉사도 빼놓을 수 없습니다. 우리는 남녀의 역할에 대해 무의식적으로 경계를 정해 놓고 있습니다. 가정에서 남편이 하는 역할, 아내가 하는 역할을 고정시켜 놓고 있습니다. 고정관념을 깨뜨리고 역할에 변화를 주는 봉사는 상대방을 행복하게 만드는 사랑의 언어입니다. 당신과 자녀 사이에는 위의 다섯 가지 사랑의 언어 중에 무엇이 부족한가요?

나와 내 자녀 사이에 부족한 사랑은 _____입니다.

우리는 교육을 통해 사회에 필요한 사람을 만들어 갑니다. 사회화! 우리는 내 자녀가 사회에서 어떤 사람이 되기를 바라는 것일까요? 좋은 학교를 나와서 좋은 직장에 들어가 월급을 많이 받는 사람이 되기를 바랄 것입니다. 열심히 일해서 월급 받아 집에 가면 뭘 할까요? 밥 먹고, 청소하고, 옷을 빨아 입고, 가족들과 함께 이야기하고, 서로에게 관심 갖고 격려하는 것이 우리의 일상입니다. 그런데 우리는 이 일상에 대하여는 가르치지 않습니다. 학교에서 공부만 잘하면 모든 것이 잘 될 것처럼 가르칩니다. 일상을 행복하게 살아가는 '사람'을 만드는 것이 교육입니다. 학교 공부도 물론 중요합니다. 그러나 그것보다 더 소중한 것은 인생을 자기의 것으로 살아가는, 사람 냄새 나는 사람이 되게 하는 것입니다.

학교에서 공부 잘하고, 사회에서 꽤 인정받는 자리에 올라서도 집에 가면 청소하고, 밥하고, 빨래를 해야 합니다. 만약 가사노동을 전혀 할 줄 모른다면 가정생활은 심각한 위기를 만날 가능성이 높습니다. 인생은 그리 거창한 것이 아니어서 소소한 것에서 함께 사랑을 느끼고 행복을 꽃피워 갑니다. 그러니까 아이들에게 학교 공부만 잘하면 된다고 가르쳐서는 안 되는 것이죠. 남편과 아내의 역할을 가르치고, 역할 수행의 경계를 지나치게 엄격하게 구분 짓지 않으면서도 자신이 해야 할 일을 인식하도록 해야 합니다. 설령 가사노동을 가정부가 대행하더라도, 부부는 가정 안에서의 역할 수행에 대해 구체적으로 논의하고 협력해야 합니다. 그렇지 않으면 둘이 함께 행복하게 살아가기 어렵습니다. 사회에서는 자기 실현을 위해 일하고, 가정으로 돌아와 사랑하는 사람과 함께 살아가는 이 행복한 여정을 고착된 역할 이해로 인해 망가뜨리지 않도록 잘 훈육할 필요가 있는 것이죠.

다시 정리를 해 보겠습니다. 아이들이 공부를 하는 이유는 상급 학교에 진학하기 위함입니다. 더 좋은 학교를 가려고 하는 이유는 더 좋은 직장과 사회에서의 더 나은 대우를 위한 것이죠. 그 다음엔 무엇이 기다리고 있습니까? 사랑하는 사람을 만나 가정을 이뤄 둘이 행복하게 살아가기입니다. 사랑하여 아이를 낳아 기르면서 우리는 많은 문제에 봉착합니다. 서로를 용납하는 기술의 부족 때문만이 아니라, 성장 배경의 차이로 인해 많은 어려움을 겪습니다. 이런 문제를 풀어 갈 수 있는 소통의 기술과 유연성을 배우는 것이 너무나 절실한데, 우리는 이런 훈련은 받지 않습니다. 그 결과 가정은 위기를 만나고, 극복하기 어려운 갈등 가운데 고통을 받기도 합니다.

정작 필요한 것은 좋은 학교에 진학하기 위한 공부만은 아니었던 겁니다. 평소 가족과 함께 살아가면서 인생 공부, 가치에 대한 공부를 해 나가야 하는 것이죠. 남자와 여자는 어떻게 다른지, 부부의 역할은 어떠해야 하는지에 관한 많은 대화를 통해 사회화를 이루어야 합니다. 누가 뭐래도 '가정교육'의 회복은 너무나도 절실한 주제입니다. 온 가족이 다 같이 식사를 하며 배우는 밥상머리교육이 회복되어야 합니다.

가족끼리 서로를 존중하여 세워 주고, 성숙한 사회인으로 성장하도록 가르치는 것은 학교교육만으로는 안 됩니다. 우리는 학교에 보내고, 학원에 보내면 저절로 훌륭한 사람이 될 거라 생각하지만, 한 인간을 훌륭한 재목으로 길러 내려면 많은 노력이 필요합니다. 가정과 학교, 사회와 교회가 다 함께 각자의 역할을 해 줘야 하는 것입니다.

사랑하여 결혼하고, 자식을 낳아 부모가 되는 동안 훈련 받은 것이 거의 없습니다. 그저 결혼하면 저절로 부모가 되는 줄 알았습니다. 그러나 좋은 부모가 되려면 훈련이 필요합니다. 훈련된 부모가 자녀들을 멋진 사람으로 길러 낼 수 있습니다. 당신에게 자녀는 무엇입니까? 자녀는 하나님이 주신 선물입니다. 선물은 귀한 것이지만, 받는 사람의 태도나 선물을 다루는 기술에 따라 면류관이 될 수도 있고 괴물이 될 수도 있습니다. 회사를 창업하여 좋은 기업을 만드는 것은 국가적으로 매우 소중한 일입니다. 그런데 자녀를 잘 기르는 것도 그에 못지않게 소중합니다. 성경은 다음과 같이 말합니다.

"보라 자식들은 여호와의 기업이요 태의 열매는 그의 상급이로다."(시 127:3)

5

욕구를 가진
아이들

　　　　　　　　　　　　　　　　　　　　인간은 이성을 가진 존재입니다. 이성을 가진 인간은 직면한 과제를 분석하여 종합적으로 판단할 수 있습니다. 그러나 인간이 반드시 합리적인 것은 아닙니다. 이성을 가지고 있지만 비합리적인 존재, 그것이 인간입니다. 이성을 가지고 있는데 왜 비합리적일까요? 욕구 때문입니다. 머리로는 안 된다고 생각하면서도 몸이 끌려갑니다. 욕구라는 단어는 영어로 'Need'입니다. '필요로 하다'라는 뜻을 가진 간단한 단어입니다. 그러나 그 의미는 간단치 않습니다. 인간은 산소를 필요로 합니다. 숨을 쉴 수 없으면 5분 내에 죽습니다. 인간은 잠을 필요로 합니다. 잠을 자지 않으면 오래지 않아 병들고, 결국 죽음에 이릅니다. 인간은 음식물을 필요로 합니다. 먹지 않고 얼마나 버틸 수 있을까요? 얼마간은 버티겠지만 결국 살기 어렵습니다. 'Need'는 이처럼 중요한 단어입니다.

심리학자 윌리엄 글래서 William Glasser 는, 인간의 욕구 Need 에는 일차적인 것과 이차적인 것이 있다고 했습니다. 일차적인 욕구로는 식욕, 수면욕, 성욕 등을 이야기하면서, 이차적인 욕구로 다음 네 가지를 소개했습니다.

첫째, 소속의 욕구 Belonging 입니다. 소속의 욕구는 말 그대로 어디엔가 소속되고자 하는 욕망으로 단순하게 정의하는 것으로는 부족합니다. 그 내용은 사랑받고 사랑하고자 하는 욕망이기 때문입니다. 인간은 사랑받아야 살 수 있고, 동시에 사랑해야 살아갈 수 있는 존재입니다.

둘째, 권력의 욕구 Power 입니다. 권력의 욕구를 정치적 권력과 같은 뜻으로 단순하게 정의하기에는 어려움이 있습니다. '영향력을 행사하고 싶은 욕구'라고 하는 것이 원래의 의미에 더 가깝다

하겠습니다. 어린아이들도 엄마의 행동이나 선택에 영향력을 행사
하려고 합니다. 인간은 누군가에게 영향력을 행사하려는 존재입니
다. 영향력을 행사할 때 살아갈 수 있는 존재, 그것이 인간입니다.

셋째, 재미있게 살고 싶은 욕구Fun 입니다. 인간은 사랑이 없으
면 재미라도 있어야 사는 존재입니다. 사랑의 기쁨이 있어야 하는
데 그 기쁨을 상실했을 때는 재미라도 있어야 삽니다. 재미는 어디
서 올까요? 놀이와 학습에서 옵니다. 공부하는 것은 재미있는 일
입니다. 그런데 재미있는 공부는 하지 않고, 컴퓨터 게임이나 스마
트폰 게임에 빠지게 되는 이유는 무엇일까요? 게임이 공부보다 더
재미있기 때문입니다. 학습과 놀이는 재미를 가져다주는 두 원천
입니다. 부모는 자녀가 열심히 공부하기를 원하지만, 자녀는 공부
에서 높은 벽을 느끼고 좌절감을 맛봅니다. 그때 손쉽게 다가갈 수
있는 것이 게임입니다. 공동체 놀이가 아닌 게임은 사용자들을 중
독으로 몰아갑니다. 게임의 끝에는 개인의 파멸을 의미하는 중독
이 기다리고 있지만, 간단히 즐기다 빠져나오지 못하고 병들어 죽
어 가는 이들이 많습니다. 다행히 사랑의 기쁨이 있는 사람들은 재
미라는 늪에서 쉽게 벗어납니다. 사랑의 기쁨이 회복되면 재미에

빠진 사람들이 그 늪에서 걸어 나옵니다.

넷째, 자유롭게 살고자 하는 욕구Freedom 입니다. 자유의 내용은 선택과 이동입니다. 인간은 누구나 자신이 원하는 것을 선택하고자 합니다. 원하는 곳에 가고자 합니다. 선택과 이동, 그것이 자유의 내용이기 때문입니다.

인간은 이처럼 네 가지 이차적인 욕구를 갖고 있다는 것이 글래서의 주장입니다. 이 욕구가 충족되면 살 수 있지만, 충족되지 않으면 살아가기 어렵습니다. 그래서 욕구가 충족되지 않을 때 인간은 비이성적인 행동을 하게 됩니다. 당신의 자녀에게는 어떤 욕구가 가장 절실할까요?

내 자녀의 대표적인 욕구는 _____ 입니다.

앞에서 이야기한 것처럼 욕구는 충족되어야 합니다. 정상적인 욕구가 억압되거나 충족되지 못할 때 인간의 내면은 마치 바람이 가득 들어 있는 풍선을 누르는 것과 같습니다. 얼마간 눌리겠지만 점차 기형이 되거나 마침내 터지는 일이 발생합니다. 정상적으로 필요$_{Need}$로 하는 차원을 넘어 지나치게 원하는$_{Want}$ 방향으로 흘러가면 상황은 좀 복잡해집니다. 밥을 필요한 만큼 먹어야 하는데 먹고 또 먹는 상황이 된다면 위험신호가 켜진 것이죠. 그러므로 욕구가 정상적으로 충족되도록 자녀들을 잘 돌볼 필요가 있습니다. 욕구 충족이 기형적인 방향으로 흘러가지 않도록 부모는 자녀를 면밀하게 관찰하고, 시의 적절하게 대처해야 합니다.

욕구가 대립할 때는 어떻게 해야 할까요? 부모가 원하는 것과 자녀가 원하는 것이 대립될 때 이것을 '욕구 충돌'이라 하는데, 이때 우리가 흔히 사용하게 되는 것은 승패법입니다. 승패법 1은 부모가 자녀를 이기는 방법이고, 승패법 2는 자녀가 부모를 이기는 방법입니다. 부모가 일방적으로 자신들의 뜻을 관철하면 부모는 만족할지 모르지만 자녀에게는 불만이 쌓여 갑니다. 반대로 자녀가 이기는 경우 부모의 불만이 많아집니다. 그러므로 승패법이 아닌 양승법이 필요합니다. 부모와 자녀 모두가 만족할 수 있는 방법으로 문제를 해결해야 합니다.

제1의 방법(승패법 1)	제2의 방법(승패법 2)	제3의 방법(승패법 3)
부모 ← 원망의 방향 ↓해결책 자녀	부모 원망의 방향 ↑해결책 ← 자녀	해결책 ↗ ↖ 부모　　자녀
부모가 자녀를 굴복시키고 해결책을 제시한다. 부모가 중심이 된 권위적 해결책	자녀가 부모를 굴복시키고 해결책을 택한다. 자녀가 중심이 된 허용적 해결책	서로에게 받아들여질 만한 해결책을 함께 찾도록 한다. 욕구가 만족되는 민주적인 해결책

　예를 들어, 아이가 새로 출시된 스마트폰을 사 달라고 조른다고 합시다. 현재 쓰고 있는 스마트폰도 구입한 지 얼마 안 된 것이어서 사용하는 데 무리가 없어 새로운 제품을 사 주기가 망설여집니다. 심지어 낭비라는 생각도 들고, 자녀의 가치관이 잘못되었다는 생각도 듭니다. 이때 절대로 안 된다고 할 수도 있고(승패법 1), 아이가 막무가내로 조르니까 사 줄 수도 있습니다(승패법 2). 이 두 가지 방법은 모두 한쪽은 이기고, 한쪽은 지는 결과를 낳게 되므로 불만스럽습니다. 이 불만을 해소할 수 있는 제3의 방법이 있습니다. 바로 양승법입니다.

우선 브레인스토밍으로 부모와 자녀가 모두 동의할 수 있는 방법을 제안합니다. 이때 서로가 제시하는 방법에 대해 제지하거나 딴지를 걸지 않습니다. 어떤 방안이든지 제안하도록 허락합니다. 모든 방안이 제안된 후에 그중에서 서로가 동의하는 방안을 선별합니다. 그리고 그것을 시행하기로 약속하고 지키지 못했을 때는 어떻게 할 것인지를 논의한 다음 시행에 들어갑니다. 일정 기간 이후에 다시 평가하여 재시행 여부를 결정하면 됩니다. 이런 문제해결 방식을 제3의 방법이라고 합니다. 교육학자 존 듀이_{John Dewey}가 제안한 것으로, 갈등이 생겼을 때 풀어 가는 좋은 기술입니다. 이 방법이 좋은 이유는 '이것 아니면 저것'이라는 사고방식을 수정해 줄 뿐 아니라, 부모와 자녀가 모두 동등한 입장에 서 있는 인격체라는 느낌을 갖게 해 주기 때문입니다.

이 원리에 따라 구체적인 갈등 해소 과정을 만들어 보았습니다. 아이는 새로운 스마트폰을 사 달라고 하고, 엄마는 아이가 기존의 것을 계속 사용하기 원합니다. 둘 사이의 욕구가 충돌되었습니다. 이제 해결 방안을 찾아가 보겠습니다.

● 브레인스토밍으로 제안된 해결책

1. 아이 제시, 기기 값과 요금 모두 엄마가 낸다.

2. 엄마 제시, 기기 값과 요금 모두 자녀가 낸다.

3. 아이 제시, 기기 값은 엄마가 내고 요금은 자녀가 낸다.

4. 엄마 제시, 공부하는 시간에는 스마트폰으로 게임이나 채팅을
   하지 않는다.

5. 엄마 제시, 약속을 지키지 않으면 스마트폰을 반납한다.

● 선택된 해결책

부모와 자녀 모두가 수용할 수 있는 안으로 3, 4, 5번이 선택되다.

● 실행에 옮기기

합의한 주말에 새로운 스마트폰을 구입하고, 그날 저녁부터 약
속한 것을 지킨다.

● 재평가하기

2주일 후 제대로 이행하고 있는지 확인하기로 하다. 제대로 안 되
었을 때는 그 원인을 살펴보고 다시 새로운 방안을 찾기로 하다.

어떻습니까? 서로를 존중하는 모습이 참으로 좋아 보입니다. 서로가 의견을 내서 결정한 것이므로 책임감을 느끼게 합니다. 이런 방식으로 욕구갈등을 해결하면, 서로에 대한 비난이나 서운한 감정 없이 좋은 결과를 도출해 낼 수 있습니다. 양승법으로 문제를 해결하면 좋은 점이 많습니다.

첫째, 서로 불만이 없습니다.

둘째, 해결책을 본인이 제시함으로써 책임감과 강한 동기를 갖게 합니다.

셋째, 기발한 아이디어가 나옵니다.

넷째, 민주적으로 갈등을 해소하는 법을 배웁니다.

다섯째, 서로에게 사랑스런 감정을 갖게 되고, 타인의 욕구도 중요함을 깨닫게 됩니다.

여섯째, 갈등은 나쁜 것도 아니고, 피할 수도 없는 것임을 알게 됩니다.

일곱째, 자율적, 창조적, 합리적으로 사고하는 법을 자연스럽게 배웁니다.

회초리로 자녀를 다스리기 시작하면 언젠가는 몽둥이로도 자녀를 다스릴 수 없게 됩니다. 갈등이 생길 때 완력으로 풀려는 생각을 버려야 합니다. 자녀가 자기주장을 강하게 하고, 자신의 욕구를 포기하지 않을 때 부모가 폭력을 행사하는 가정이 있습니다. 하지만 폭력은 아무 문제도 해결해 주지 못할 뿐 아니라, 문제를 더 복잡하게 만듭니다. 그런데 제3의 방법은 관계도 좋게 유지하면서 문제는 문제대로 풀어낼 수 있게 합니다.

자녀와의 관계에서 부딪히는 또 하나의 갈등은 가치갈등입니다. 욕구갈등은 서로 대화를 통해 새로운 대안을 모색해 볼 수 있는데 가치갈등은 꽤 까다로운 경우가 많습니다. 대화로 풀리지 않습니다. 모범이 필요합니다. 자녀가 담배를 안 피우기 원한다면 부모가 먼저 모범을 보이는 것이 좋습니다. 자녀가 주일을 거룩하게 지키기 원한다면 부모가 먼저 신앙생활의 수범자가 되어야 합니다. 할 수 있으면 예수님께서 하셨던 것처럼 어른들이 자신을 바꾸려는 노력을 해야 합니다. 새로운 가치를 받아들이고 수용하는 자세를 가져야 합니다.

"너희 안에 이 마음을 품으라. 곧 그리스도 예수의 마음이니 그는 근본 하나님의 본체시나 하나님과 동등됨을 취할 것으로 여기지 아니하시고 오히려 자기를 비워 종의 형체를 가지사 사람들과 같이 되셨고 사람의 모양으로 나타나사 자기를 낮추시고…"(빌 2:5-8)

예수님은 하나님이신데 자신을 비워 사람이 되셨습니다. 하나님이신데 하나님이라 주장하지 않으시고 사람이 되셨습니다. 부모도 장유유서의 원칙을 따라 부모 됨을 주장하는 대신, 아이의 입장으로 내려와 상대와 그의 가치를 받아 주는 수용성을 가져야 합니다. 부모가 '나'를 주장하지 않고, 자녀의 가치를 존중하고 인정해 줄 때 소통의 지경은 넓어집니다.

갈등을 풀어 가는 과정에서 부모도 말을 하지만, 자녀도 말을 해야 합니다. 그 과정에서 필요한 것은 상대방에 대한 존중입니다. 상대방을 대화의 파트너로 인정하여, 들어 주는 기술이 필요합니다. 뿐만 아니라 부모도 자신의 생각을 비난 없이, 감정의 폭발 없이 표현할 수 있어야 합니다. 우리는 어려서부터 말을 배웠지만, 말을 들어 주고 말을 하는 기술이 부족합니다. 훈련받지 못했기 때문입니다. 많은 단어를 알고 있긴 합니다. 그러나 그 소재를 가지고 좋은 집을 짓지는 못하는 형국입니다. 비가 새고 단열이 잘 안 되는 집에 살아 본 적이 있습니까? 그것 참 불편합니다. 불편할 뿐 아니라 인생을 초라하고 비참하게 만듭니다. 대화하는 기술이 부족하면 그와 같은 일이 좋은 아파트에 살고 있는 '존재들 사이에서' 일어납니다. 욕구를 인정하여 들어 주고, 말하는 기술을 간직하는 것은 사람 사는 풍경을 더욱 아름답게 만들어 줍니다.

6

문제 소유
가리기

스티븐 코비 Stephen Covey 는 성공한 사람들에게는 독특한 습관이 있다고 했습니다. 일곱 가지로 정리하여 소개했는데, 요약하면 다음과 같습니다.

첫째, 자신의 삶을 주도적으로 살아갑니다.

인간은 자극과 반응 사이에서 선택하는 존재입니다. 인간의 운명은 유전에 의해 정해지는 것도 아니고, 부모의 양육 방식에 의해 결정되는 것도 아닙니다. 스스로 선택하고, 선택한 것을 책임지고 사는 존재가 인간입니다. 부모는 자녀가 스스로 선택하고 그것에 책임을 지게 해야 합니다. 창조성이 뛰어난 세계적 인물 100명을

● ● ● 소통의 기술

선정하여 어머니의 직업을 조사했더니 전업주부는 한 명뿐이었다고 합니다. 무슨 말이겠습니까? 스스로 선택하고 시행착오를 경험했던 아이들이 커서 창의력이 있는 사람이 되더라는 말입니다. 자녀가 창의적으로 성장하기 원하십니까? 그렇다면 주도성을 자녀에게 건네주십시오.

둘째, 끝을 생각하며 시작합니다.

목표를 세워 행동하라고 합니다. 이것은 마치 도면을 먼저 그린 후 건축물을 세우는 것과 같습니다. 자신이 무엇을 하고 싶은지, 어떤 사람으로 살아가고 싶은지 결정하고 행동하라고 합니다.

셋째, 소중한 것을 먼저 합니다.

경중완급을 가려 소중한 것을 먼저 하고, 소중하지 않은 것은 다음에 합니다. 긴급한 것과 긴급하지 않은 것, 중요한 것과 중요하지 않은 것의 사분면을 만들어 소중한 것을 먼저 하며 삽니다.

넷째, 승-승을 생각합니다.

네 종류의 행동유형이 있습니다. 승패형, 패승형, 패패형, 승승

형이 그것입니다. 어떤 사람들은 너 죽고, 나 살자는 식으로 행동합니다. 그런 행동으로는 인생을 성공적으로 살아갈 수 없습니다. 너도 살고, 나도 사는 길로 가는 것이 좋습니다. 성공은 거기에 있습니다.

다섯째, 먼저 듣고 난 다음에 이해시킵니다.

많은 사람이 상대방의 이야기는 듣지 않고 자신의 말만 합니다. 그런 방식으로는 상대의 마음을 얻을 수 없습니다. 먼저 경청하십시오. 그런 다음 자신이 하고 싶은 말을 해도 늦지 않습니다.

여섯째, 시너지를 냅니다.

백지장도 맞들면 낫다는 말이 있습니다. 세상은 혼자서 살 수 없습니다. 서로 협력해야만 합니다. 서로 협력하면 상승효과가 나타납니다. 1 더하기 1은 2만 되는 것이 아닙니다. 두 사람이 결혼하면 가족은 네 명이 되기도 하고 열 명이 되기도 합니다. 서로 협동하여 상승효과를 높이십시오.

일곱째, 끊임없이 쇄신합니다.

현대 사회에서 많이 사용하는 용어가 있는데, '자기관리'라는 말입니다. 자신의 몸과 마음을 위해 시간을 투자하십시오. 자기관리를 위해 시간과 돈을 쓰십시오. 효과적으로 자기를 관리하는 사람은 성공적인 생을 살아갑니다.

위에서 말한 일곱 가지 습관 가운데 당신에게 부족한 것은 무엇입니까? 하나에 표시해 보십시오.

1) 주도적이지 못하다.

2) 목표가 없다.

3) 무엇이 더 소중한지 모른다.

4) 상호이익을 추구하지 못한다.

5) 제 입장을 이해시키려고만 할 뿐 경청하지 않는다.

6) 협력하지 못한다.

7) 자기관리를 게을리 한다.

당신의 자녀에게는 어떤 것이 부족합니까? 좋은 습관이 운명이 된다고 합니다. 좋은 습관을 가진 사람으로 훈련되면 삶을 성공적으로 살아갈 수 있습니다. 우리는 다섯 번째 습관에 대해 좀더 공부해 보려고 합니다.

삶을 성공적으로 살아가기 위해 준비되어야 할 습관은 '먼저 듣고 난 다음에 이해시키기'입니다. 그러니까 말을 하기 전에 먼저 들어야 하는 기술입니다. 대부분의 사람들이 잘 듣지 못합니다. 귀가 먹었다는 이야기가 아닙니다. 상대방의 말에 귀를 기울이지 않는다는 뜻입니다. 말을 잘 하지도 못합니다. 말을 유창하게 한다는 뜻이 아닙니다. 자신의 생각을 상대방에 대한 비난 없이 표현할 수 있어야 하는데, 그런 훈련이 되어 있지 않습니다. 우리는 오랫동안 교육을 받아 왔지만 듣는 훈련이나 말하는 훈련을 받아 본 경험이 거의 없습니다. 대부분 집에서 받은 훈련으로 일상생활을 해 나가고 있습니다.

잘 듣고 잘 말하기 위해서는 무엇을 해야 할까요? 토머스 고든Thomas Gordon은 네모꼴 수용도식을 만들어 문제의 소유를 가려 보라고 했습니다. 자녀와의 관계에서 발생하는 일을 네모꼴 수용도식에 넣어 보십시오. 그러면 모든 문제가 이 네모 안에 들어간다는 것을 알 수 있습니다. 부모와 자녀 사이뿐 아닙니다. 모든 대화가 이 네모꼴 수용도식 안에 다 들어갑니다. 아래 표를 보면 자녀 문제, 부모 문제, 문제없음 이 세 가지 항목이 있습니다.

자녀 문제	
문제없음	
부모 문제	

여기서 말하는 '문제'란 '좋지 못한 행동'이란 뜻을 담고 있는 것이 아닙니다. 이 일로 인해 누가 힘들어하는지, 마음이 어려운지, 속이 상한지를 뜻하는 것입니다. 자녀와의 사이에서 있었던 일을 네모꼴 수용도식 안에 넣어 보십시오. 세 영역을 벗어나는 것이 없습니다. 그러니까 소통의 기술을 배우기 위해 해야 할 첫 번째 과제는 '문제 소유 가리기'입니다. 다음의 행동은 누구의 문제인지 소유를 가려 보십시오.

1) 고3 딸이 모의고사를 망칠까 봐 두렵다고 말한다. ＿＿＿

2) 딸이 남동생의 학교생활에 대해 불만을 나타낸다. ＿＿＿

3) 아이가 학원에 안 다니겠다고 한다. ＿＿＿

4) 한 달간 여행을 다녀왔더니 아이들이 고양이에게 먹이를 주지 않아 죽게 생겼다. ＿＿＿

5) 자녀가 여권을 놓고 와 예약한 비행기를 놓치고 말았다. 비행기도 타지 못했는데 티켓도 무용해졌다. ＿＿＿

6) 엄마에게서 떨어지지 않으려고 아이가 울어댄다. ＿＿＿

7) 늦게 일어난 아들이 출근하는 엄마에게 학교까지 데려다 달라고 조른다. ＿＿＿

8) 대학에 다니는 아들이 이성친구가 없다며 우울해 한다. ＿＿＿

9) 퇴근해 보니 아이들이 숙제는 안 해놓고 게임만 하고 있다. ＿＿＿

10) 당신의 가족은 독도가 일본 땅이라고 우기는 문제에 대해, 왜 그런 주장을 하는지 역사적이고, 외교적인 문제들을 토의한다. ＿＿＿

문제의 소유가 가려졌나요? 자녀가 문제를 소유했을 때는 어떻게 해야 합니까? 경청이라는 기술을 사용해야 합니다. 부모가 문제를 소유했을 때는 어떻게 해야 할까요? 나-전달이란 기술을 사용해야 합니다. 물론 문제를 소유한 사람이 없을 때는 특별한 기술이 필요하지 않습니다. 이것을 정리하여 도표로 그려 보면 다음과 같습니다.

문제 소유	기술
자녀 문제	경청
문제없음	기술 없음
부모 문제	나 – 전달

부모와 자녀 사이에 소통이 잘 되려면 듣기와 말하기가 잘 되어야 합니다. 잘 듣기란 생각보다 쉽지 않습니다. 그래서 잘 듣는 데도 훈련이 필요합니다. 문제의 소유를 가려 자녀 문제라고 생각되면 경청을 해야 하는데, 경청이란 상대방의 말을 사실 중심적으로 듣는 것

이 아니라 말하는 사람의 느낌과 감정까지 헤아려 듣는 것입니다.

　지혜의 왕이라 불리는 솔로몬이 왕이 된 다음 일천번제를 드린 이야기가 열상기상 3장 1-15절에 나옵니다. 감격하신 하나님께서 꿈에 나타나 물으셨습니다. "내가 네게 무엇을 줄꼬. 너는 구하라." 그러자 솔로몬은 "듣는 마음을 달라"고 말씀드렸습니다. 하나님은 솔로몬의 이 간청을 높이 평가하셨습니다. 그리고 이어지는 이야기는, 한 아기를 두고 두 여인이 서로 자기 아이라 우기며 송사하는 일에 관한 내용입니다. 솔로몬은 쿨하게 말합니다. 칼로 아이를 둘로 나누어 여인들에게 반 도막씩 나눠 줘라! 그러자 한 여인은 찬성했지만, 다른 한 여인은 사색이 되어 반대하며 아이를 그냥 상대 여인에게 주라고 합니다. 이때 솔로몬은 반대하는 이 여성이 친엄마라고 판결합니다. 어떻게 이런 판결을 할 수 있었을까요? 말을 귀로만 듣는 것이 아니라 마음으로 들었기 때문입니다. 친엄마라면 자기 자식이 두 동강으로 나눠지는 것에 동의할 리가 없습니다. 부모의 마음에 공감한 것입니다. 이런 형태의 듣기를 경청이라고 합니다. 경청이 가능해지려면 어떤 조건이 필요할까요? 먼저, 자녀에게 필요한 조건입니다.

1) 자녀가 문제를 지녀야 한다.

2) 자녀가 신호를 보내야 한다.

3) 자녀가 말하기를 원해야 한다.

경청하기 위한 부모의 조건도 있을까요? 네, 있습니다.

1) 자녀의 행동을 수용할 수 있어야 한다.

2) 돕고자 하는 마음이 있어야 한다.

3) (부모가 들을 수 있는) 시간적 여유가 있어야 한다.

4) 아이를 신뢰하는 마음이 있어야 한다.

5) 부모 자신이 문제를 소유하지 말아야 한다.

상담을 정의할 때 '문제를 소유한 사람이 전문적 훈련을 받은 사람과의 대면관계에서 생활과제를 해결하는 것'이라 합니다. 생활과제는 특정 나이 때만 있는 것이 아니라, 평생 계속되는 문제입니다. 어린아이부터 성인에 이르기까지 사람들은 다양한 문제에 직면합니다. 문제에 직면한 사람들은 이성과 감정의 불균형으로 인해 비이성적 행동을 하게 되는데, 이때 상담을 통해 스스로 문제를 해결할 수 있는 능력을 덧입게 됩니다. 그렇다면 상담이란 무엇일까요? 나이가 지긋한 경험 많은 분이 '이렇게 하세요, 저렇게 하세요'라고 지시하는 것일까요? 상담은 잘 들어 주는 것입니다. 문제 해결에 대한 답은 내담자가 이미 알고 있습니다. 이미 알고 있지만 그것을 실천할 힘이 없을 뿐입니다. 그런 내담자의 이야기를 잘 들어 주는 것이 상담입니다.

부모가 자녀의 이야기를 잘 들어 주기만 해도 아이들의 어려움은 급격하게 줄어듭니다. 만약 듣기에 실패하면 부모와 자녀 사이의 담은 점점 높아만 갈 것입니다. 담이 높아지면 소통이 어려워지고, 소통이 어려워지면 자녀가 딴 길로 갈 위험이 높아집니다. 성경은 자식을 기업이라 말하고 있는데, 기업이 부실해지기 시작합니다. 그러면 좋은 결과물을 내기도 어렵게 됩니다. 자식은 하나님의 선물인 동시에 인생의 동반자입니다. 아이의 마음을 잘 들어 주면 평생을 함께할 좋은 길동무를 얻게 될 것입니다.

문제 소유 3가지 가려 오기

7

경청하는
훈련

　　　　　　　　　　　　　　　경청은 태어나면서부터 가지고 나오는 기술일까요? 아닙니다. 경청은 훈련을 통해 누구나 습득할 수 있는 기술입니다. 저는 첫아이가 태어날 무렵, 부모가 되려면 뭔가 준비해야 되는 것 아닌가 싶어 여기저기 수소문하여 부모역할 훈련이라는 것을 받았습니다. 한 학기 동안 받았는데 미진하다고 느껴져서 한 학기 더 받았습니다. 덕분에 경청하는 기술을 배울 수 있었습니다. 아이들을 위해 배운 것인데 그 효과는 자녀에게만 국한되지 않았습니다. 아이들과의 대화뿐 아니라 어른들과의 대화에도 큰 도움을 받았습니다. 이 공부를 하면서 제가 깨달은 것은 실습이 필요하다는 사실입니다. 정답은 오답의 극복을 통해 나오지 않습니까? 운전면허학원에서 했던 많은 연습이 도로에서의 안전주행을 도와주지 않던가요? 경청 훈련도 같은 맥락에 있습니다. 연습이 필요합니다. 당신의 자녀가 다음과 같이 말하면 어떻게 대답하겠습니까?

"저는 숙제를 차분히 끝낼 수가 없어요. 숙제도 싫고 학교도 싫어요. 숙제를 한다는 것은 정말 지겨운 일이에요. 학교를 다니는 것도 그래요. 인생살이에 필요한 것은 하나도 가르쳐 주지 않고 쓸데없는 것들만 가르쳐 준다니까요. 학교에 다니고 싶지 않아요. 이 세상에서 남보다 더 앞서가기 위해서 반드시 학교를 다닐 필요는 없다고 생각해요."

어떻게 대답하시겠습니까? 아래 빈칸에 답을 써 보십시오.

대답: _____

몇 가지 전형적인 대답이 있습니다. 이런 형태의 대답은 경청이 아니라 걸림돌인데, 다음과 같이 정리할 수 있습니다.

"쓸데없는 소리 집어치우고 열심히 공부해!" ⋯⟶ 명령, 강요

"학교 안 다니면 뭐 할 건데? 학교 안 가면 용돈 없어!" ⋯⟶ 경고, 위협

"공부는 아무 때나 하는 게 아니다. 때가 있어!" ⋯⟶ 훈계

"누구는 좋아서 하는 줄 아니? 그러니까 힘들지 않게 계획을 세워

　서 공부해! 게임 좀 그만하고!" ⋯⟶ 충고, 해결책 제시

"네가 고졸자의 설움을 몰라서 하는 소리야!" ⋯⟶ 가르침, 사실 제공

"너는 왜 그 모양이니! 철없이!" ⋯⟶ 판단, 비판, 비난

"너는 맘만 먹으면 공부도 잘하면서 왜 그래?" ⋯⟶ 칭찬, 부추김

"공부하기 힘들 때가 있어. 다 그래!" ⋯⟶ 달래기

　자녀가 한 말에 대한 다양한 반응입니다. 이런 반응은 자녀의 말을 경청하는 것이 아니라, 걸림돌을 놓는 것이라고 할 수 있습니다. 마음이 상해 있는데 상처를 더 입혀서 피 흘리게 하는 격입니다. 그러니까 문제는 수습되지 않고 도리어 관계가 안 좋아집니다. 그러므로 상대방이 문제를 소유했다고 생각되면 경청이라는 기술을 사용해야 합니다. 경청이란 말하는 사람의 욕구와 느낌에 반응하는 것입니다. '욕구'와 '느낌'에 방점이 있습니다. 말하는 사람의 표현 뒤에 붙어 있는 감정을 읽어 내는 것이 핵심입니다.

표현에 대한 사실적인 반응에서 벗어나야 합니다. 예를 들어 보겠습니다. 동네 아저씨가 시험을 보고 하교하는 학생과 나누는 대화입니다.

아저씨: 시험 잘 봤니?

학 생: 아뇨, 망쳤어요!

아저씨: 몇 점 받았니?

학 생: 92점이요.

아저씨: 어! 잘 봤네.

학 생: 아뇨, 망쳤어요.

아저씨: 오늘 시험 어려웠다며? 우리 아들은 70점 받았다고 하더라.
　　　　너 공부 잘하는구나!

학 생: 아니, 아드님과 절 비교하시는 거예요! 시험 망쳤다니까요.
　　　　아이 재수 없어!

무엇이 잘못되었다고 생각하십니까? 비교하는 게 잘못되었나요? 물론 그럴 수 있습니다. 비교하는 것이 문제일 수 있습니다. 그런데 진짜 문제는 비교보다는 사실에만 반응한 데 있습니다. 사실 너머에 있는 마음을 읽어 주는 대화가 필요한데 거기까지 가지 못한 것이죠. 같은 상황에서 마음을 읽어 주는 대화가 어떤 결과를 낳는지 살펴보겠습니다.

> 아저씨: 시험 잘 봤니?
>
> 학 생: 아뇨, 망쳤어요!
>
> 아저씨: 몇 점 받았니?
>
> 학 생: 92점이요.
>
> 아저씨: 92점을 받았는데 시험을 망쳤다고 생각하는구나!
>
> 학 생: 네, 처음 문제지에 풀 때는 제대로 풀었는데, 카드에 답을 옮겨 쓰는 과정에서 두 문제의 답을 고쳤는데 처음 푼 게 정답이었어요. 미치겠어요!
>
> 아저씨: 아! 그랬구나! 속상하겠다!
>
> 학 생: 그러니까요. 후회도 되고, 속도 상하고… 휴~ 그러나 어쩌겠어요. 오늘 망친 것을 바꿀 수도 없고… 내일 시험이나 잘 봐야죠. 아저씨 고맙습니다. 안녕히 가세요. ^^

어떻습니까? 대화의 흐름이 부드럽고 좋죠? 이런 형태의 대화가 경청입니다. 경청에 대한 실습에 들어가기 전에, 먼저 말을 듣는 일반적인 반응 형태를 살펴보겠습니다. 한 다섯 가지 정도로 정리해 볼 수 있습니다.

첫째, 상대방의 말을 전혀 듣지 않는 경우가 있습니다. 상대가 하는 말을 아예 무시하고 있어서 듣지 않습니다.

둘째, "응, 그래, 그렇지, 맞아." 등의 맞장구를 치면서 듣는 체하는 경우도 있습니다.

셋째, 선택적 청취로, 대화에서 특정한 부분만 듣는 경우입니다. 어린아이들이 끊임없이 재잘댈 때 우리는 곧잘 이런 방식으로 듣습니다.

넷째, 신중한 듣기로 상대방이 하는 이야기를 열심히 듣지만 사실에 반응하는 경우입니다.

다섯째, '공감적 경청'입니다.

위의 다섯 가지 듣기 가운데 훈련하고자 하는 것은 공감적 경청에 관한 것입니다. 공감적 경청은 사실에 대한 반응을 넘어 말하는 사람의 느낌과 감정에 반응하는 것입니다. 거울로 되비춰 주는 것

과 같은 형태의 대화입니다. 이런 듣기는 말하는 사람들의 마음을
시원케 합니다. 구체적인 사례를 읽어 가면서 확인해 보겠습니다.
스티븐 코비의 책에 나온 사례입니다. 먼저 경청이 안 된 대화입니
다. 읽어 보겠습니다.

아 들: "아빠. 난 지쳤어요. 학교는 지루하고 따분해요."

아 빠: "왜? 무슨 일이 있니?"

아 들: "학교는 도대체 실용적이지 않아요. 난 거기서 얻는 것
이 하나도 없어요."

아 빠: "너는 아직 학교의 좋은 점을 몰라서 그러는 거야. 나도
너만 할 때는 그렇게 생각했어. 몇몇 과목들은 아무 쓸
모없는 것들이라고 생각했지. 그런데 나중에는 바로 그
과목들이 내게 가장 큰 도움을 주는 것을 알게 되었지.
꾹 참고 조금만 더 기다려 봐!"

아 들: "저는 제 인생의 10년을 학교에 바쳤어요. 아빠는 'x 더
하기 y'를 배우는 것이 앞으로 자동차 정비사가 되려는
제게 무슨 도움이 될 것인지 말해 줄 수 있나요?"

아 빠: "자동차 정비사라고? 지금 한 말은 농담이겠지?"

아　들: "아뇨. 농담이 아니에요. 조를 보세요. 그 애는 학교 그
　　　　만두고 자동차를 수리해요. 돈도 많이 벌어요. 그게 실
　　　　용적인 거죠."

아　빠: "지금은 그렇게 보일지도 모르지. 하지만 몇 년 더 지나
　　　　면 조는 자기가 공부를 했더라면 하고 후회하게 될 거야.
　　　　너도 자동차 정비공이 되고 싶지 않을 거야. 너한테는
　　　　그것보다 더 나은 교육이 필요해."

아　들: "저는 잘 모르겠어요. 조는 아주 잘 살고 있어요."

아　빠: "너 정말로 공부에 열중해 보았니?"

아　들: "물론이죠. 전 지금 고등학교 2학년이에요. 그리고 또
　　　　분명히 노력해 보았어요. 하지만 모든 것이 헛수고예요.
　　　　다른 아이들도 나처럼 생각해요."

아　빠: "네 엄마와 내가 얼마나 많은 희생을 해 왔는지 알고 있
　　　　지? 지금, 여기에서 학교를 그만두면 안 돼!"

아　들: "부모님이 저를 위해 희생하신 건 저도 알아요. 아빠, 하
　　　　지만 그것은 소용없는 일이에요."

아　빠: "자, 얘야. 네가 TV 보는 시간을 조금 줄이고, 공부하는
　　　　데 좀더 시간을 늘리면 어떻겠니?"

아 들: "아빠. 소용없어요. 신경 쓰지 마세요. 더 이상 이 문제
　　　　에 대해 얘기하고　싶지 않아요."

어떻습니까? 읽으면서 답답하다고 느끼셨죠? 자녀의 말에 부모
가 반영적으로 경청하지 못한 대화입니다. 아빠는 자신이 말하고
자 하는 내용을 갖고 있습니다. 그리고 자녀의 생각이나 말이 잘못
된 방향으로 가고 있다며 계속 적신호를 보냅니다. 이런 유형의 대
화는 말하는 사람을 답답하게 합니다. 툭 트여야 하는데 계속 막히
기 때문입니다. 다음은 반영적 경청이 잘된 대화인데 다시 읽어 보
겠습니다.

아 들: "아빠. 난 지쳤어요. 학교는 지루하고 따분해요!"
아 빠: "(너) 학교생활이 지루하고 따분하다고 느끼는구나."
아 들: "확실히 그래요. 학교는 도대체 실용적이지 않아요. 난
　　　　거기서 얻는 것이 하나도 없어요."
아 빠: "학교가 아무런 도움도 되지 않는다고 느끼는구나."
아 들: "그럼요. 저는 아무것도 배우지 못하고 있어요. 그러나
　　　　조를 보세요. 걔는 학교를 그만두고 자동차를 수리하고

있어요. 돈도 벌고요. 그게 실용적이죠."

아 빠: "너는 조가 정말 잘 생각했다고 느끼는구나."

아 들: "아마 자기 나름대로는 그렇게 생각하고 있는 것 같아
　　　요. 그렇지만 몇 년이 지나면 후회하게 될지 몰라요. 아
　　　마 그럴 거예요."

아 빠: "너는 조가 잘못 결정한 것을 후회하게 될 것이라고
　　　생각하는구나."

아 들: "그래요. 포기해 버린 것을 보세요. 제 얘기는, 만일 교
　　　육을 받지 않는다면 세상에서 성공할 수 없다는 것이
　　　죠!"

아 빠: "교육은 정말로 중요한 것이지."

아 들: "네. 그래요. 졸업장이 없어서 직장도 못 얻고, 대학도
　　　못 가면 어떻게 되겠어요? 교육은 반드시 받아야 해요."

아 빠: "그래. 교육은 장래를 위해 중요하지."

아 들: "그래요. 그런데 제 걱정이 뭔지 아세요? 전 정말 큰 걱
　　　정이 있어요. 들어 보세요. 엄마한테는 얘기 안 하시는
　　　거지요?"

아 빠: "엄마에게는 비밀로 하고 싶어 하는구나."

아 들: "반드시 그렇지만은 않아요. 엄마도 언젠가 알게 될 테니까 얘기해도 괜찮을 것 같네요. 어쨌든 보세요, 아빠 전 오늘 시험을 보았어요. 독해력 시험이었어요. 그런데 아빠, 선생님이 제가 초등학교 4학년 수준밖에 안 된다고 하잖아요. 4학년이라고요? 난 고등학교 2학년인데요! 아빠, 난 낙제를 할 판이에요. 낙제할 바에야 차라리 학교를 그만두고 싶어요. 그렇지만 학교를 그만두고 싶지는 않아요."

아 빠: "너 괴롭겠구나."

아 들: "아빠는 내가 어떻게 해야 한다고 생각해요?"

아 빠: "자, 네가 고려해 볼 만한 몇 가지가 있다."

아 들: "뭔데요?"

아 빠: "너의 독해력 공부를 도와줄 어떤 특별한 프로그램 같은 거야. 아마 학원 같은 데는 그런 개인지도 프로그램이 있을 거다."

아 들: "저도 이미 그것에 대해 알아 보았어요. 이틀 밤하고 토요일에는 온종일 한다는데요. 그런데 수업 시간이 너무 많아요."

아 빠: "그래 치러야 할 대가가 너무 크구나."

아 들: "아빠, 게다가 저는 6학년생들에게 운동 코치가 되어 주기로 약속했단 말이에요."

아 빠: "넌 그 애들을 실망시키면 안 되지?"

아 들: "그렇지만 이 점은 아빠한테 말씀드릴 수 있어요. 그 특별지도 과정이 정말로 제게 도움이 될 거라는 생각이 들면, 매일 밤이라도 가겠어요. 애들의 운동을 코치해 줄 사람은 다시 구하면 되겠죠. 아빠는 그 과정이 효과가 있을 거라 생각하세요?"

어떻습니까? 물이 흘러가듯 자연스럽습니다. 이렇게 자연스러운 대화를 우리도 배울 수 있을까요? 네, 우리도 배울 수 있습니다. 훈련이 필요합니다. 앞서 정리한 네모꼴 수용도식에서 상대방이 문제를 소유했다고 판단되면 경청이라는 기술을 사용해야 된다는 것을 배웠습니다. 이제 구체적으로 경청하는 실습을 해 보겠습니다.

예문을 읽은 다음 경청에 해당되는 것에 ○표 해 보십시오.

1) 자녀: 나도 민수처럼 백혈병에 걸렸으면 좋겠어. 학교도 안 가고,
　　　　사랑도 받고 정말 부러워.

　부모: a. 민수가 아파서 친구들과 부모님으로부터 사랑을 받는다
　　　　　고 생각하는구나.

　　　　b. 너도 아팠으면 좋겠다는 거구나.

　　　　c. 아픈 게 좋아? 그렇게 학교 가기가 싫어?

2) 자녀: 그래요. 민수는 학교도 안 가고, 숙제도 안 하고 좋잖아요!

　부모: a. 너도 학교에 안 갔으면 하는구나.

　　　　b. 너는 그 아이가 학교에 더 잘 나가기를 원하는구나.

　　　　c. 너는 그 아이가 학교에서 혼나기를 바라는구나.

3) 자녀: 그래요. 학교에 가기 싫어요. 공부가 너무 힘들어요.

　부모: a. 그러나 너는 학교에 가야만 된다는 것을 잘 알고 있지.

　　　　b. 너는 학교에 가는 것을 좋아하는 것 같던데.

　　　　c. 공부하는 것이 힘들어서 학교 가기가 싫은 거구나!

4) 자녀: 학교에 가는 것이 무의미하게 느껴져요.

　부모: a. 학교 안 가면 뭐 할 건데?

　　　　b. 학교 가기가 싫은 게 아니라, 무의미하다고 느끼는구나!

c. 무의미하다고 학교 안 가면 어떡해? 누구는 다 좋아서 하
는 줄 아니?

5) 자녀: 네, 그래요. 성공을 위해 꼭 학교를 다녀야 하는 건 아니잖
아요!
부모: a. 학교에서 좋지 않은 일이 있었나 보구나. 무슨 일이 있었
니?

b. 그런 부정적인 태도를 가지고 무엇을 배울 수가 있겠니?

c. 성공적인 인생을 위해 꼭 학교가 필요한 건 아니라고 생
각하는구나!

실습을 통해 경청이 무엇인지 파악하셨습니까? 내가 하고 싶은
말을 하는 것은 경청이 아닙니다. 말하는 사람의 느낌이나 감정까
지 헤아려 듣는 것이 경청입니다. 경청으로 들어 주는 것은 마치
홍수에 빠진 사람을 건져 주는 것과 같다고 합니다. 감정의 홍수에
빠진 사람을 건져 주는 것이죠. 문제를 소유하여 감정의 홍수에 빠
지면 이성과 감정의 조화가 깨집니다. 감정이 이성의 영역으로 치

고 들어갔기 때문입니다.

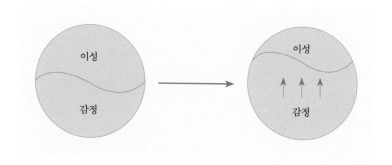

    이때 이성의 기능이 15~25% 정도 저하된다고 합니다. 경청을
통해 상한 감정을 뽑아 주면 정상적이 됩니다. 그러면 이성은 다시
합리적으로 작동합니다. 자신의 문제를 스스로 해결할 수 있게 되
는 것이죠.

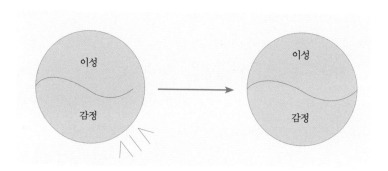

● ● ● 소통의 기술

한 번의 실습으로 기술을 습득할 수 있으면 좋겠지만 오랜 언어 습관을 간단히 고치기는 어렵습니다. 운전면허를 단 한 번의 실습으로 딸 수 없는 것과 같습니다. 계속적인 연습이 필요합니다. 문제의 소유를 가리고, 상대방이 문제를 소유하면 경청을 하는 문장을 만들어 보아야 합니다. 반복을 통해 이 기술이 익숙해지면 큰 기적이 일어납니다.

> ## 경청 실습 3가지 해 오기

8

실습으로
완성되는 경청

이번 장에서는 경청 실습의 수준을 좀더 높여 보겠습니다. 느낌이 무엇인지 파악하고, 경청이라고 여겨지는 적절한 문장을 만들어 넣으면 되는 실습입니다. 앞의 과에 비해 조금 어려운 주관식 실습 문제입니다. 지문을 읽고 느낌에는 적당한 단어를, 반응에는 적합한 문장을 써넣어 보십시오.

실 습 3

1) 할아버지는 왜 돌아가셔야만 했죠? 지금도 살아 계셨으면 좋겠어요.

느낌: _____

반응: _____

● ● ● 소통의 기술

2) 저는 엄마한테 용돈 달라고 말하기가 싫어요. 돈 10,000원 주면서 웬 잔소리가 그렇게 많은지! 차라리 내가 벌어 쓰는 게 낫겠어요.

느낌: _____

반응: _____

3) 귀신은 정말 있는 건가요? 내가 꼭 뭔가에 홀린 것 같아요.

느낌: _____

반응: _____

4) 일곱 살 된 아들이 네 살 된 동생의 장난감을 뺏는다. 동생이 울면서 당신에게 이렇게 말한다. "엄마, 형이 내 장난감을 빼앗아 갔어요."

느낌: _____

반응: _____

5) 나는 기도하기 싫어요. 하나님이 안 계신 것 같아요.

느낌: _____

반응: _____

경청을 잘하는 방법은 생각보다 어렵지 않습니다. 말하는 사람의 표현을 반복한다고 생각하면 됩니다. "나는 교회에 가기 싫어요. 하나님이 안 계신 것 같아요."라는 말을 경청하여 반응한다면 "하나님이 안 계신 것 같아 교회에 가기 싫은 게로구나." 이렇게 하면 되는 것이죠.

경청 훈련에서 중요한 것은 의미상 주어를 '너'로 하는 것입니다. "너, 이렇게 생각하는구나." "너, 이렇게 느끼는구나."로 표현합니다. 끝말이 대부분 '~구나'로 끝나는 것이 공감적 대화의 특징입니다. "엄마, 밥 줘."라고 말하는 아이에게 "배가 고픈 거로구나!"라고 받는 것은 경청으로 대답하는 것입니다. "게임 한 시간만!" "게임을 하고 싶은 거로구나!" 대부분의 대화가 '~구나'로 끝납니다. 말하는 사람의 마음을 읽다 보니 자연스럽게 끝부분이 '구나'로 표현된 것입니다. 이런 표현이 익숙지 않은 사람은 처음에는 매우 어색합니다. 저도 그랬습니다. 그래서 꼭 '~구나'로 표현해야 하는지에 대해 교사와 많은 논쟁을 벌이기도 했습니다. "배고파?" "게임 하고 싶어?" 이렇게 대답해도 되지 않느냐며 따지기도 했는데, '묻기'는 '공감적 경청'과는 다르다는 대답이었습니다. 그러니 좀 어색하더라도 이 표현으로 말하는 연습을 해 보시기 바랍니다.

　혼돈하기 쉬운 개념도 있습니다. 공감과 동조가 그것입니다. 예를 들어 볼까요? 자녀가 "저는 학교 다니기가 싫어요!"라고 말했다 합시다. 공감적 듣기는 "학교 다니기가 싫은 게로구나."라고 말하면 됩니다. 그런데 "나도 학교 다니기 싫어!" 이렇게 말하면 어떨까요? 어떤 학생이 "아주머니, 저는 죽고 싶어요!"라고 했을 때 "죽고 싶을 만큼 힘들구나!"라고 받으면 공감입니다. 그런데 "나도 그래!"라고 말하면 뭐죠? 이건 공감이 아니라 동조입니다. 상대방에게 더 친근한 감정을 갖게 하려고 동조하는 경우가 있는데 그것은 공감이 아닙니다.

　공감해야 할 때 동조하면 오히려 큰 봉변을 당할 수도 있습니다. 어떤 내담자가 와서 "나는 A가 정말 싫어요!"라고 말했습니다. 상담자는 내담자에게 친근함을 표하려고 "나도 그래요! 나도 A가 정말 싫어요!"라고 대답했습니다. 그런데 이 내담자가 나가서 "그 상담자도 정말 A가 싫다고 했다."고 말하기 시작했습니다. 이 말이 결국 A의 귀에 들어가 찾아와서 따지기 시작하면 문제가 복잡해집니다. 그러니까 공감과 동조를 잘 구분하는 지혜가 필요하겠죠?

평소에 말하던 습관이 있는데 훈련을 받기 시작하면서 부모가 '~구나' 형태의 반응을 보이면 아이들이 매우 어색해 하거나 반감을 갖습니다. 그런 상황에서 부모는 어떻게 대처해야 할까요? 아이들에게 솔직하게 내가 이 훈련을 받고 있고, 나도 솔직히 어색하다며 도움을 청해야 합니다. 이 어법이 익숙해질 때까지 조금만 참아 달라고 부탁하면 아이들도 도와줍니다.

이 기술을 배워 말하기 시작하면서 학습자들이 겪는 난처한 상황이 있습니다. "나 숙제하기 싫어."라는 아이의 말을 경청하여 "숙제하기가 싫은 거로구나." 했더니 "응, 나 숙제하기 싫어."라고 말하면서 아이가 고집을 부리면 부모가 할 말을 잃어버립니다. 그 다음에는 무슨 말을 해야 할지 모를 뿐 아니라, "그래 하지 마!"라고 말해야 될 것 같은 생각이 듭니다. 정말 "하지 마!"라고 말해야 할까요? 아닙니다. 이때 필요한 기술이 있습니다. 바로 '기어 바꾸기'입니다. 경청과 나-전달법 사이를 오가는 것이죠. 자동차를 스틱으로 운전할 때 3단으로 달리다 차가 밀리면 2단으로 기어를 내리는 것과 같습니다. 또 전진기어를 후진으로 바꾸는 것과도 같습니다.

이 기법에서 핵심은 '문제없음' 영역의 확장에 있습니다. 경청도 하고, 나-전달도 하지만, 궁극적으로 문제없음의 영역이 확장되어 어떤 대화든지 문제될 게 없어지는 데 목표가 있습니다. 그러니까 이런 상황에서는 "숙제를 꼬박꼬박 해야 하니 힘들겠구나!"라고 경청한 뒤, 이 사안을 '문제없음'에도 놓고 "어떻게 하면 좋겠니?"라고 물어보는 것입니다. 그러면 아이가 뭔가 대안을 내놓습니다. 그걸 들어 본 뒤 새로운 길을 모색하면 됩니다. 아이가 대안을 제시하지 않으면 부모가 몇 가지 방안을 제안할 수도 있습니다.

사실 이런 형태의 대화는 많은 에너지의 소모를 요구합니다. 말을 듣지 않을 때, 한 대 쥐어박으면서 행동을 고치게 하면 쉽게 해결될 것 같은데, 경청과 나-전달법이라는 기법을 사용하여 스스로 행동을 수정하게 만드는 것은 비생산적인 노력같이 생각될 수도 있습니다. 그러나 잊지 말아야 할 것은 회초리로 다룬 자녀는 야구 방망이로도 다룰 수 없게 된다는 점입니다. 폭력은 맞는 사람의 기분을 나쁘게 할 뿐 아니라, 복수심을 심어 놓습니다. 심지어 맞고 자란 아이는 때리는 사람이 됩니다. 그러니까 당장 폭력을 행사하여 행동을 바꾸는 것은 쉬워 보여도 결국은 더 심각한 문제를 잉태케 합니다.

그렇다면 경청이나 나-전달법으로도 해결되지 않는 문제는 어떻게 해야 하나요? 예를 들어, 차 안에서 아이들이 싸울 때 운전하는 부모가 경청과 나-전달을 했음에도 계속 싸우면 어떻게 해야 하나요? 환경을 재구성해 주어야 합니다. 싸우는 원인이 무엇인지 살펴보고, 그런 문제가 발생하지 않도록 원인을 제거해 주어야 합니다. 아이들이 차 안에서 싸우지 않고 즐겁게 시간을 보낼 놀잇감 같은 것을 마련해 주는 것도 방법입니다.

실습을 좀더 해 볼까요? 다음의 경우에 어떻게 말하겠습니까? 경청 기술을 사용하여 대답해 보십시오.

1) 아들이 스마트폰 게임을 세 시간만 하겠다고 한다.

_____

2) 나는 스물일곱 살 이혼녀인데 열여덟 살 난 고등학교 3학년 학생
   을 사랑하고 있습니다. 어떻게 하죠?

_____

3) 아이가 잘 다니던 학원에 더 이상 다니지 않겠다고 한다.

_____

경청이라는 기술을 제대로 사용할 수 있게 되었나요? 그러면
다행입니다. 만약 아직도 개념이 정확히 이해되지 않는다면 좀더
실습을 하는 것이 좋습니다. 문제 소유를 가리고, 아이가 문제를
소유했을 때는 들어 주는 것입니다. 들어 주기가 어렵다면 아이가
한 말을 반복적으로 따라합니다. 마치 거울에 우리 얼굴을 비추는
것과 같은 일을 하는 것이죠. 그래서 반영적 경청이라고 합니다.

아이의 생각과 느낌을 되비춰 주는 거죠. '너 이런 마음이구나!' 이렇게 말입니다.

어떤 부모들은 경청을 마치 부모가 원하는 대로 모든 것을 할 수 있는 '도깨비 방망이' 같은 걸로 생각하는데 그렇지 않습니다. 경청은 동전만 넣으면 원하는 물건이 나오는 자동판매기가 아닙니다. 경청을 했다고 해서 부모가 원하는 대로 행동하거나 기대하는 대답을 하는 것은 아닙니다. 아이는 자신의 생각과 원하는 것을 말할 것입니다. 그때마다 부모는 그저 아이의 마음을 읽어 줍니다. 결과는 알 수 없습니다. 그러나 아이들은 착해서 부모가 들어 주면 어긋난 딴 길로 가지 않습니다. 아직도 경청이 어렵다면 다시 한 번 더 연습해 봅시다. 경청에 해당되는 것에 ○표 해 보십시오.

실 습 5

1) 자녀: 엄마! 내 짝이 노트를 가져갔어!
   부모: a. 걔가 네 노트를 왜 가져갔다니?
      b. 너는 처신을 왜 그렇게 해? 뭣 땜에 남자아이가 네 노트를 가져가도록 방치해!
      c. 짝이 네 노트를 가져가서 많이 당황스러웠겠구나!

2) 자녀: 응. 걔가 나한테 관심이 있나 봐!

　부모: a. 아니, 그게 무슨 소리야! 쪼그만 녀석이. 다시는 딴 생각
　　　　　못하게 내가 전화해야겠다. 전화번호 줘 봐!

　　　　b. 걔가 너의 관심을 끌려고 노트를 가져간 거로구나!

　　　　c. 걔가 너한테 무슨 관심이 있다는 거야?

3) 자녀: 응. 걔는 가끔 나한테 엉뚱한 짓을 해!

　부모: a. 가끔 엉뚱한 짓을 해서 너를 당혹스럽게 만드는구나!

　　　　b. 아니 너는 왜 그렇게 당하고 있어! 다시는 그런 짓을 못
　　　　　하게 선생님께 말씀드리든지 뭔가 조치를 취해야지!

　　　　c. 남자 아이들은 원래 그렇게 엉뚱한 데가 많아!

4) 자녀: 응. 진짜 황당할 때도 많아. 내 이름 뒤에다 "내 꺼!"라고 써
　　　　놓기도 한다니까.

　부모: a. 너 그런 거 보고 가만히 있었어?

　　　　b. 그런 거 다 장난이야! 엄마도 초등학교 때 그런 괴짜 친
　　　　　구가 있었는데 딴 여자랑 결혼했어!

　　　　c. 우리 딸 진짜 황당했겠구나!

5) 자녀: 응. 그래서 다시는 그런 짓 못하도록 내가 조치를 취해야겠어!

　부모 : a. 어떻게 할 건데?

　　　　b. 선생님께 말씀드렸니? 그런 아이들은 초장에 싹을 잘라
　　　　　야 해!

　　　　c. 네가 조치를 취하겠다는 거구나!

경청에 대한 실습을 다시 해 보았습니다. 입에 달라붙게 되기까지는 지속적인 훈련이 필요합니다. 계속 염두에 두고 훈련하면 언젠가 저절로 따라 나오게 될 겁니다. 그날이 오기까지 반복하여 연습해 보기 바랍니다. 반복이 가장 좋은 학습방법입니다.

경청 실습 5가지 해 오기

나–전달법의
유익

경청은 매우 중요한 기술입니다. 그러나 계속 경청만 하고 있을 순 없습니다. 자녀가 하는 말만 듣고 있을 수는 없기 때문입니다. 부모도 하고 싶은 말이 있습니다. 그때는 어떻게 할까요? 자녀의 감정을 상하지 않게 하면서 부모가 하고 싶은 말은 해야 합니다. 이것을 나-전달법이라 합니다. 나-전달법만 제대로 사용해도 부모와 자녀의 관계는 원만할 수 있습니다.

엄마의 꾸지람을 듣고 가출한 한 학생의 사례가 있습니다. 이 아이는 친구 생일파티에 갔다가 2차를 가게 되었습니다. 엄마에게 전화를 걸어 상황을 말씀드렸더니 화를 내었습니다. "그 집 누구

네 집이니? 전화번호를 대! 어떤 여자가 아이들을 아직까지 안 보내고 잡아두고 있단 말이니? 너 오늘 죽었어! 각오해!" 엄마가 단단히 화가 났다고 생각한 아들은 친구들이 3차를 가자고 했을 때 매우 망설였습니다. 그러나 친구들의 성화에 못 이겨 3차까지 갔습니다. 그리고 다시 엄마에게 전화를 걸었습니다. "너 이 녀석, 그 따위로 할 거면 아예 나가!"라는 소리를 들은 아이는, 엄마의 말에 순종하여 그날 저녁 가출하고 말았습니다.

비슷한 상황에서 부모의 말 한 마디에 행동을 수정한 사례가 있습니다. 고등학교 1학년 남자아이였는데, 6시에 들어오기로 약속하고는 10시에 돌아왔습니다. 예전 같으면 고함을 치고 야단을 쳤을 텐데, 나-전달을 하기로 했습니다. "엄마가 얼마나 기다렸는지 아니? 무슨 사고나 나지 않았나 걱정이 돼서 저녁도 먹지 못했다. 어디 있는지 찾아 나설 수도 없고. 10년은 더 늙은 것 같아!" 그랬더니 아이가 와락 껴안으면서 "엄마 죄송해요. 엄마가 제 걱정을 그렇게 하시는 줄 몰랐어요. 앞으로는 약속 꼭 지킬게요. 엄마 사랑해요!" 하더랍니다. 물론 그 이후로는 이 약속을 잘 지켰답니다.

서로의 생각과 느낌을 비판 없이 전하면서 산다는 것은 행복을 배가시켜 주는 요건이 됩니다. 그럼에도 불구하고 우리는 나-전달, 특히 감사의 나-전달이나 긍정적인 나-전달에 미숙합니다. 그 이유는 나-전달의 기술을 모르기 때문이거나 훈련받지 못했기 때문입니다. 내 생각과 느낌을 전하지 않아도 알아서 해 줄 것으로 생각하는 경우도 있습니다. 그 결과 번번이 상처만 받습니다. 부모는 자녀의 행동이 어떤 영향을 미치는지 말해 주어야 합니다. 그래야 그들은 자신의 행동과 생활방식을 고치기로 마음먹습니다.

나-전달법은 당신이 자녀의 행동을 수용할 수 없다고 느낄 때 활용할 수 있는 기술입니다. 이 기술이 좋은 것은 자녀의 행동을 비난하지 않고 부모의 진실한 마음과 감정을 드러내기 때문에, 자녀의 도움을 받을 수 있습니다. 자녀로 하여금 부모를 도와주어야 한다는 마음을 갖게 하기 때문에 좋은 결과를 얻을 수 있습니다. 이 기술을 사용하기 위해서는 다음 세 가지의 질문이 필요합니다.

1) 문제를 유발하는 자녀의 행동은 무엇인가?
2) 그 행동은 나에게 어떤 영향을 끼치고 있는가?

3) 나는 그 결과에 대해 어떤 느낌을 가지고 있는가?

이러한 세 가지 요소를 가지고 있는 메시지 massage 를 나-전달법이라고 합니다. 나-전달법은 부모가 수용할 수 있는 방향으로 자녀가 행동하게끔 영향을 주게 되는데, 나-전달법에 들어 있는 세 요소가 효과를 보는 것은 두 가지 이유에서입니다. 첫째는, 자녀가 자기의 행동이 부모에게 구체적인 영향을 끼치는 것을 알게 되기 때문입니다. 둘째는, 부모가 자신의 행동으로 인해 고통 받는다는 사실을 알고 도와드려야겠다는 마음을 갖게 되기 때문입니다. 다시 말해서 자신의 행동이 부모에게 문제가 된다는 것을 알게 되면 자녀들은 부모를 위해 행동을 바꾸게 됩니다.

먼저 나-전달법과 너-전달법의 차이를 살펴보는 것이 좋겠습니다. 두 가지 표현의 차이를 확인해 보기 바랍니다.

● 나-전달법
"네가 이 문제를 나에게 의논하러 와서 나는 기분이 좋아."
"내가 네게 말할 때 네가 대답하지 않거나 쳐다보지 않으면 나는 기분이 상해."

"나는 정말로 너를 사랑해."

● 너-전달법

"네가 이 문제를 가지고 온 것은 잘한 일이야."

"오, 그래? 너는 선생님이 말을 걸었는데도 대답도 하기 싫단 말이니?"

"너는 참 착한 아이야."

우리는 흔히 자녀의 행동을 평가합니다. 하지만 그 평가는 자녀의 행동을 변화시키지 못합니다. 오히려 나-전달을 잘 하면 자녀의 행동을 변화시키기 쉽습니다. 자녀의 행동이 당신에게 바람직스럽지 못한 영향을 끼칠 때, 그것을 알려 주면 자녀들은 좋은 마음으로 당신을 도와줍니다.

나-전달법에는 세 가지 구성요소가 있습니다.

1) 비난 없이 상대방의 행동을 서술하고

2) 당신에게 미치는 구체적 영향을 말한 다음

3) 당신의 감정을 전하는 것입니다.

이 원칙을 따라 다음 문장에 행동, 감정, 영향이라는 스티커를
붙여 보겠습니다.

"내가 저녁뉴스를 보고 있는데 네가 떠들면(행동),

나는 정말 짜증이 난다(감정).

왜냐하면 나는 뉴스에서 무슨 소리를 하는지 들을 수 없거든(영향)."

"(네가 자전거를 계단에 두었는데) 누가 발을 헛디뎌서 떨어질까

봐(행동)

나는 정말 걱정된다(감정).

왜냐하면 누가 다치게 되면 내가 보살펴 주어야 하기 때문이야(영향)."

"네가 차 안에서 장난을 치면(행동),

나는 정신이 산만해지고 운전하는 데 집중이 안 되고 두려워져(감정).

꼭 사고가 날 것만 같아(영향)."

이제 아래의 문장에다 직접 '행동'과 '영향' 그리고 '감정'이란 단어를 써 넣어 보십시오. 나-전달법 훈련입니다.

실 습 6

1) 네가 일요일 아침 일찍 일어나 잠자는 강아지를 깨우면(   ),
   나는 잠을 잘 수가 없어서(   ) 정말 맥이 풀리고(   ),
   화가 난다(   ).

2) 네가 안방 침대에서 과자를 먹으면(   ), 나는 걱정된다(   ).
   다시 침대 시트를 깔아야 하기 때문이야(   )

3) 자전거를 차고 앞에 놓아 두면(   ), 나는 차에서 내려서
   (   ) 자전거를 치워야 하므로(   ) 정말 짜증이
   난다(   ).

4) 네가 공부를 안 하고 텔레비전 보는 일에 열심인 것을 보면
   (   ), 걱정이 된다. 왜냐하면 네가 대학 진학에 실패하여
   재수할까 봐 염려되고(   ), 또 일 년 동안이나 수고하는
   것이 (   ) 난 싫어(   ).

나-전달법은 문제가 되는 자녀의 행동을 버릇없이 자란 결과

                  ● ● ● 소통의 기술

로 보지 않고, 자신의 욕구를 충족하려는 행동으로 보는 데서 시작합니다. 그러니까 구체적인 영향을 정확히 전달하면 아이들은 부모를 도우려 한다고 믿는 신뢰에서 시작된 것이라 하겠습니다. 실제로 이 원리를 따라 말해 보면 자녀들은 부모를 돕습니다. 관계가 새로워지는 것을 경험하게 될 것입니다. 나-전달법에는 예방적인 나-전달, 긍정적인 나-전달 등도 있는데, 구체적인 경우에 사용하면 크게 유익할 것입니다. 다음에 소개된 문장에 나-전달법으로 답을 써 보십시오.

실 습 7

1) 12시 전에 들어오겠다고 했던 남편이 술을 마시고 새벽 2시에 들어왔다.

_____

2) 아이가 학교에 다녀와서 숙제는 안 하고 또 전자오락을 하고 있다.

_____

3) 초등학교 5학년 아들이 핸드폰으로 게임만 한다.

_____

나-전달이 유익한 이유는 다음과 같습니다.

1) 부모가 바라는 것을 자녀로 하여금 자발적으로 하게 한다.

2) 인격적인 부모상을 심어 줄 수 있다.

3) 자녀의 행동을 효과적으로 바꿀 수 있다.

4) 부모의 진심이 전해진다.

5) 문제의 소지와 저항이 적어진다.

　　왜냐하면 "나는 _____이다"라고 표현하니까.

6) 서로의 감정을 이해하게 된다.

나-전달에도 불구하고 자녀의 행동이 달라지지 않는 이유는 무엇일까요?

1) 자신의 행동이 부모에게 어떤 영향을 미치는지 잘 모르기 때문이다.

2) 영향을 미치는 것이 무엇인지 구체적으로 전달되지 않았기 때문이다.

3) 비난이 들어 있기 때문이다.

　　　• • • 소통의 기술

4) 도와달라는 요청이 모호했기 때문이다.

대부분의 관계가 상대방의 행동을 보고 비난하는 데서 망가집니다. 비난하지 않고 행동을 말한 다음 그것이 미치는 영향을 이야기하면 아이들은 생각을 하게 됩니다. 그리고 자신의 행동이 부모에게 좋지 않은 영향을 미쳤다고 생각하면 잘못된 행동을 고치려고 합니다. 아이들은 착합니다. 그것을 믿어야 합니다. 우리가 비난하여 감정을 상하게 하지 않으면 아이들은 자신의 행동을 들여다보고, 잘못된 것은 수정합니다. 가끔 어떤 부모들은 행동 수정에 가장 효과적인 것이 체벌이라 믿는 것 같습니다. 때리면 눈앞에서 고친다고 생각하기 때문입니다. 그러나 회초리로 다룬 자식은 결국 야구 방망이로도 다룰 수 없게 됩니다.

엄마를 심하게 때린 한 학생이 있었습니다. 만나서 무슨 일이 있었는지 물었더니 저간의 사정을 솔직하게 이야기했습니다. 엄마는 참 교양 있어 보이는 미인이었는데, 아이가 말을 듣지 않으면 회초리로 때리곤 했습니다. 어떤 때는 주먹으로 치기도 하고, 심지어 발로 목을 밟아 버리기도 했습니다. 어렸을 때는 어쩔 수 없이 당하고 살던 아이가 청소년이 되자 되갚기 시작했습니다. 어느 날 엄마가 늦게 일어난다며 목을 밟자 아빠가 출근하기를 기다렸습니다. 얼마 지나지 않아 아이는 일어나서 엄마의 목을 밟아 버렸습니다. 자신이 당했던 대로 되갚아 주었습니다.

회초리로 자식을 다루려는 생각을 버려야 합니다. 어떤 사람들은 말합니다. 성경에 "초달을 아끼지 말라."고 했다고 말입니다! 매를 때리는 이유를 성경에서 찾습니다. 성경을 근거로 내세우며 자신의 행동을 정당화하려고 합니다. 그러면 저는 예수님에 대해 이야기합니다. 그 말씀이 예수님께서 하신 말씀인지 묻습니다. 예수님은 그렇게 말씀하지 않으시거든요. 오히려 소자 하나라도 실족시키는 일을 하지 말라고 말씀하셨습니다. 그러니까 폭력은 안 됩니다. 놀랍게도 사회는 발전했는데 부모-자녀관계는 더 폭력적이 되어 가는 것 같습니다. 눈에 넣어도 아프지 않을 아이들을 때릴 데가 어디 있단 말인가요? 말이 매보다 더 아픕니다. 나-전달법을 사용해 보시기 바랍니다.

요즘은 매체가 많이 발달해서 나-전달을 하기가 예전에 비해 훨씬 좋아졌습니다.

　문자 보내기도 가능하고, 카톡으로 말해도 됩니다. 이메일을 보낼 수도 있고, 분위기 좋은 카페로 불러내어 말할 수도 있습니다. 매체는 좋아졌는데, 문제는 우리의 마음이 닫혔다는 데 있습니다. 길은 넓어졌는데 우리의 수용성은 좁아졌습니다. 마음을 넓혀 깔끔하게 나-전달을 하면 소통은 그리 어려운 일이 아닙니다. 꼭 한 가지를 기억하시기 바랍니다. 비난하지 않고 말하기!

나-전달 3가지 해 오기

10

기술보다
중요한 마음

이임숙은《엄마의 말공부》라는 책에서 '~구나' 형태의 어법에 한계가 있다고 지적합니다. 한두 번은 할 수 있겠는데, 몇 번의 대화가 이어지면 어떻게 말해야 할지 당혹스럽다고 했습니다. 이런 어려움을 극복하기 위해서는 '기어 바꾸기'라는 기술을 사용할 줄 알아야 합니다. 경청과 나-전달법을 오가는 것 말입니다. 마치 운전에서 기어를 올렸다, 내렸다를 거듭하는 것과 같은 기술입니다. 처음에는 미숙하겠지만 신경을 써서 사용하기 시작하면 점차 익숙해집니다. 자녀가 문제를 소유했을 때는 경청을, 부모가 문제를 소유했을 때는 나-전달이라는 기술을, 이렇게 기어 바꾸기를 하면 됩니다. 들어 주고 말하고, 도

● ● ● 소통의 기술

와주고 도와달라고 요청하는 것이 이 어법의 핵심기술입니다.

이 기법이 궁극적으로 지향하는 바는 뭘까요? 문제없음의 영역을 확장하는 것입니다. 문제없음의 영역이 확장되어 어떤 대화든지 터놓고 말할 수 있는 관계가 형성되는 데 궁극적인 목표가 있습니다. 자녀가 문제를 소유하여 들어 주는 것이 한평생 계속되는 게 아닙니다. 어느 순간 문제를 소유하게 될 때 그때만 도와주면 됩니다. 부모 또한 자녀에게 계속 도와달라고 말하는 것도 아닙니다. 잠깐입니다. 잠시 해야 할 말이 가슴에 가득 차게 되는 것이죠. 그때 아이들에게 도와달라고 요청하는 것이 나-전달법입니다. 물론 나-전달법에는 감사의 나-전달도 있고, 예방적 나-전달도 있습니다. 그런 대화 기법을 통해 도와준 것에 감사하고, 문제가 생길 만한 것을 미리 차단하기도 합니다. 그럼에도 뭔가 부족한 것이 있다면, 그것은 기술의 문제가 아니라 마음의 문제입니다.

말은 잘 하지만 마음이 없으면 진정성이 결여되어 관계가 겉돌게 됩니다. 이임숙은 기술보다 중요한 것이 아이들의 마음을 헤아려 주는 엄마의 다섯 가지 말이라고 합니다.

"힘들었겠다."

"이유가 있을 거야. 그래서 그랬구나."

"좋은 뜻이 있었구나."

"훌륭하구나."

"어떻게 하면 좋을까?"

경청이라는 기술을 배워 사용함에도 불구하고 자녀의 행동에 변화가 없는 이유는 무엇일까요? 진심으로 아이를 이해하고 도와주려는 마음 없이 말만 하기 때문입니다. 마음은 없는데 어디서 배운 기술만 가지고 다가가면 아이들은 마음을 열지 않습니다. 아이들의 눈에 말하는 엄마의 마음이 보이기 때문입니다. 그러므로 마음속 깊은 곳에서 우러나오는 이해와 사랑이 필요합니다. 그런 마음이 있으면 사용하는 기술이 조금 부족해도 자녀의 마음을 얻는 데는 부족함이 없습니다.

저는 학생들이 잘못할 때 이렇게 이야기를 시작합니다.

"너는 백 개의 가지를 가진 나무와 같단다. 그런데 그 가운데 한 가지에 문제가 생겼어. 그 문제는 너도 아는 바와 같다. 이 가지가 너의 전체 나무는 아니다. 그러니까 이 문제를 잘 정리할 필요가 있는 거지. 어떻게 하다 그렇게 되었니?"

그러면 아이는 자신이 어떤 의도로, 왜 그런 행동을 했는지 이야기합니다. 때로 끼어들고 싶을 때가 있어도 계속 듣습니다. 메모를 하면서 듣기도 합니다. 이야기하는 중에 확인을 다시 해 두기도 합니다. 그런 대화를 한 번만 제대로 하고 나면 래포rapport, 즉 공감적 신뢰관계가 견고하게 생깁니다. 진심으로 듣는 것이 얼마나 중요한지를 재확인시켜 주는 경험입니다.

학원에 다녀오는 아이에게 "힘들었지!"라는 말 한 마디만 건네면 참 좋을 텐데 마음을 헤아려 주지 못합니다. 분명 잘못한 일이지만 나름 잘 하려다가 그렇게 되었다는 것을 이해해 주어야 하는데 그것도 참 어려운 일이 됩니다. 꾸짖고 비난만 합니다. 왜 그렇게 했는지, 어쩌다 그리 되었는지 물어보면 좋을 텐데 그렇게 하지 않습니다. 자연히 목소리는 높아지고 관계는 나빠집니다. 혹 잘못된 결과가 발생했을 때에도, 아이들에게도 선의가 있었다는 것을 헤아려 주면 자녀들은 마음의 문을 엽니다. 선한 의도가 있었다는 것을 알아주면 아이들은 자신의 잘못된 행동을 기꺼이 고치려고 합니다. "긍정적인 의도를 끌어내는 것이 아이들을 구체적으로 변화시킨다."는 고든 뉴펠드Gordon Neufeld의 말을 귀담아 둘 필요가 있습니다.

아이들이 자라면서 부모에게는 그들의 역사적 실수와 잘못에 대한 부정적 이미지가 형성됩니다. 그래서 아이들을 낙인찍어 바라봅니다. 바라볼 뿐 아니라 비난하여 말합니다. 아이들은 열 번도 더 변하는 존재라는 사실을 생각하지 않는 것 같습니다. 하지만 자녀들을 선한 눈으로 바라보기 시작하면 행동에 변화가 일어납니다. 부모가 아이들보다 우월한 존재라는 교만을 버리고, 함께 연약함을 가진 존재로 인정하여 한 계단 아래로 내려서면 아이들은 훨씬 부드러운 마음으로 부모를 대할 것입니다.

우리가 아는 것처럼 어떤 분야의 지식은 아이들이 훨씬 탁월합니다. 저는 컴퓨터와 관련해서는 거의 모든 부분에서 아이들에게 뒤집니다. 그래서 아이들에게 물어봅니다. "어떻게 해야 돼?" 그러면 아이들은 높아진 자신감(?)으로 제게 가르쳐 줍니다. 어떤 것

　　　　　● ● ● 소통의 기술

은 아예 아이들에게 해 달라고 부탁합니다. 그러면 아이들은 기꺼이 도와줍니다. 간혹 아이들의 의견을 물어보는 것도 참 좋은 대화라고 생각합니다. 옷을 사러 갔다면 본인의 스타일이나 색깔만 고집하지 말고 "넌 어떤 게 좋아?" "어떤 옷이 좋을까?" 물어보는 것도 좋습니다. 막막할 때 "어떻게 하면 좋겠니?" 이렇게 물어봐 주는 것도 좋은 대화입니다.

꽤 많은 부모가 좋은 부모가 되기 위해 훈련 받고, 관계 개선을 위한 기술을 사용하는 것 같습니다. 그럼에도 효과가 나타나지 않는 것은, 마음 속 깊은 곳에 따뜻한 사랑이 있어야 하는데 그런 게 부족한 까닭입니다. 자녀를 사랑하는 마음으로 한 계단 내려와야 하는데 도리어 한 계단을 더 높여 행동하려다 보니 높은 담이 세워집니다. 서로의 상황이나 감정에 솔직해질 필요가 있습니다. 심지어 부부간의 관계나 경제적 상황에 관한 것도 있는 그대로 말할 수 있는 솔직함을 보이면 가정공동체는 더 행복해집니다.

말하는 기술 못지않게 중요한 것이 듣는 태도입니다. 말을 들을 때 어떻게 듣느냐 하는 것도 아이들이 느끼는 감정에 중요한 영향을 줍니다. 아이가 "엄마, 나 오늘 힘들었어!"라고 말하는데 엄마는 설거지를 하고 있습니다. 곁에 다가와 말을 걸어 오는 아이에게 설거지를 계속하면서 "왜 무슨 일이 있었는데? 말해 봐! 엄마 듣고 있잖아!" 합니다. "아니, 왜 내 짝 있잖아!" "그래 왜? 네 짝이 뭐랬는데?" 엄마는 아이를 쳐다보지도 않고 계속 설거지를 하면서 말을 이어 갑니다. 어떨까요? 아이가 말을 계속 이어 갈 수 있을까요? 당신 같으면 어떤 기분이 들 것 같습니까? 아마 말을 계속 이어 가기 어려울 것입니다.

첫째, 시선을 아이에게 고정시키십시오.

둘째, 말을 들으면서 다른 생각이나 일을 하지 않도록 주의하십시오.

셋째, 말 외에 몸짓도 주의 깊게 살피십시오.

넷째, 아이의 말을 가로막지 마십시오.

요즘은 집중하지 못하는 사람들이 너무 많아졌습니다. 명절이어서 오랜만에 모인 형제들끼리 대화하는 경우를 보신 적이 있습니까? 모두 스마트폰을 가지고 저마다 딴짓을 하고 있습니다. 가장 가까이에 있는 사람에게는 마음을 닫고 멀리 있는 누군가에게 말을 걸고 있습니다. 내 앞에 있는 이 사람이 가장 소중한데 그 진리를 알지 못하는 듯합니다.

나에게 시간을 내 달라고 부탁해서 만났는데, 그 사람은 이야기하는 중에 걸려 오는 전화를 다 받고 있습니다. 심지어 스팸으로 걸려 온 전화도 다 받습니다. 그럴 때마다 많은 생각을 하게 됩니다. 누군가를 기다리고 있구나! 앞에 있는 사람에게 충실하면 누군가를 기다릴 필요가 없을 텐데 왜 그걸 못하게 되었을까 싶어 마음이 좋지 않습니다. 사랑은 '집중'입니다. 그런데 부모가 집중하지 않으니까 아이들도 집중하지 못하는 것 같습니다. 요즘은 주의력이 결핍된 아이들이 많은데, 그 원인이 부모에게 있다고 말하면 지나칠까요?

치유가 과거의 경험과 관련된 것이라면, 훈련은 새로운 영적 세계로 나아가기 위한 탐험이라 하겠습니다. 과거의 낡은 지도를 버리고 새로운 지도를 받아들이는 훈련은 우리에게 큰 유익이 됩니다. 여기 라인홀드 니버 Reinhold Niebuhr 의 기도문을 소개합니다.

주님!

제가 변화시킬 수 있는 것들을 바꿀 수 있는 용기를 주시옵소서.

주님!

제가 변화시킬 수 없는 것들을 받아들일 줄 아는

마음의 평안함을 주시옵소서.

그리고 그 둘 사이를 분변할 줄 아는 지혜를 주시옵소서.

바꿔야 할 것은 바꿔야 합니다. 과거의 것은 버리고 새로운 것을 받아들여야 합니다. 고집 피울 일이 아닙니다. 낡은 자아를 버리고 새로운 자아를 덧입는 것은 매우 자연스러운 현상이지만, 성장을 위한 껍질을 깨는 고통 없이는 불가능한 일이기도 합니다. "새는 알을 깨고 나온다. 알은 세계다. 태어나려는 자는 하나의 세계를 파괴해야 한다." 헤르만 헤세 Herman Hesse 의 《데미안》에 나오는 말입니다. 구습에 물들여진 자아, 낡은 지도를 깨뜨리고 새로운

● ● ● 소통의 기술

지도를 받아들이는 일은 파괴에 따른 고통은 있지만 결과는 좋습니다. 새로운 세계가 열립니다. 깨고 나가려는 결단이 어렵겠지만, 마음먹으면 그리 어려운 일도 아닙니다. 중요한 것은 마음입니다. 마음을 먹으면 새로운 가정을 만들 수도 있고, 관계도 회복됩니다. 어제는 어둠이었을지라도 내일은 빛이기를 바랍니다.

실습문제 답안

6. 문제 소유 가리기

실습 1

1) 자녀 문제

2) 딸 문제

3) 부모 문제

4) 부모 문제

5) 부모 문제

6) 아이 문제

7) 부모 문제

8) 아들 문제

9) 부모 문제

10) 문제없음

7. 경청하는 훈련

실습 2

1) a   2) a   3) c   4) b   5) c

8. 실습으로 완성되는 경청

실습 3

1) 느낌: 그리움, 보고 싶음

   반응: 할아버지가 보고 싶은 게로구나!

2) 느낌: 짜증남, 듣기 싫음

   반응: 엄마가 용돈 주면서 하는 잔소리가 듣기 싫은 거로구나!

3) 느낌: 궁금함, 의문이 있음

   반응: 뭔가에 홀린 것 같아 귀신이 있는지 궁금한 거군요!

4) 느낌: 억울함, 도와주기를 바람

   반응: 형이 네 장난감을 빼앗아 가서 속상하겠구나!

5) 느낌: 서운함, 의심스러움

   반응: 하나님이 안 계신 것 같아 기도하기가 싫은 거로구나!

실습 4

1) 스마트폰 게임을 세 시간만 더 했으면 하는구나!

2) 마음이 복잡하고, 괴롭겠군요!

3) 학원을 다니고 싶지 않은 거구나!

실습 5

1) c 2) b 3) a 4) c 5) c

9. 나–전달법의 유익

실습 6

1) (행동), (영향), (영향), (감정)

2) (행동), (감정), (영향)

3) (행동), (영향), (영향), (감정)

4) (행동), (감정), (감정), (영향), (감정)

실습 7

1) 12시에 들어오겠다던 당신이 새벽 2시에 들어오면 걱정도 되고, 아침 7시에 아이들 아침 준비해 학교 보내야 하는데 하루가 엉망이 돼!

2) 숙제는 안 하고 전자오락만 하고 있으면 엄마는 화가 나! 너를 신뢰할 수 없어 밖에 나가 일을 볼 수도 없고, 아들이 무책임한 사람으로 클까 봐 걱정스러워!

3) 스마트폰으로 게임만 하는 아들을 보면 괜히 사 주었다는 후회도 되고, 학업을 망칠까 봐 걱정스러워!

참고도서

윌리엄 크레인, 《발달의 이론》, 중앙적성출판사

에릭 에릭슨, 《아동기와 사회》, 중앙적성출판사

칼 로저스, 《학습의 자유》, 시그마프레스

스캇 펙, 《아직도 가야 할 길》, 율리시즈

로버트 풀검, 《내가 정말 알아야 할 모든 것은 유치원에서 배웠다》, 김영사

데이비드 엘킨드, 《쫓기는 아이들》, 교문사

게리 채프먼, 《5가지 사랑의 언어》, 생명의말씀사

이임숙, 《엄마의 말공부》, 카시오페아

소 통 의 기 술